新世紀叢書

當代重要思潮・人文心靈・宗教・社會文化關懷

作者◎王邦雄

道家思想經典文論

【目錄】本書總頁數共352頁

※本書收集了王邦雄教授之道家思想經典文論十四篇，其中七篇（第2、3、4、5、6、8、9篇）文字從民國八十八年立緒文化出版的《生命的實理與心靈的虛用》一書中挑選出來，另七篇（第1、7、10、11、12、13、14篇）發表於《鵝湖月刊》與《鵝湖學誌》，今彙編成冊。是王教授多年來道家研究的精華之作。

自序

研讀道家經典已越過了四十個年頭，故平生歲月所言所行所思所想，幾乎離不開老子道德經與莊子南華經這兩部經典。而學人〈解讀經典〉，總是依據自身的生活體驗與存在感受，故無不帶有濃郁的鄉土情思與深切的時代關懷。

四十年間，在大學研究室引導學生讀書的研究成果，是建構思想體系的《老子的哲學》與《走在莊子逍遙的路上》；在民間講堂向眾生說法的靈感創意，是顯發人生智慧的《老子十二講》與《莊子道》；累積數十年功力在語文脈絡中抉發深藏其間的玄理奧義，則是逐字逐句推敲琢磨的《老子道德經的現代解讀》與《莊子內七篇，外秋水，雜天下的現代解讀》；在家常日常中而體悟有得的哲理散文，則有《向生活說話》、《人生關卡》、《用什麼眼看人生》、《行走人間》、《人生是一條不歸路》、《人生的智慧》、《活出自己的風格來》等書。

本書集結了十四篇近三十年來寫出的學術論文，其中〈走進莊子之學的門徑〉是鵝湖開講的現場錄音整理而成，〈莊子與惠施的論學相知〉則是應雜誌約稿而寫，前者顯得生動，而後者較為優雅；其他各篇皆參與學術研討會撰寫的論文，雖是學術研討，論學問總是講道，講論主題皆環繞道家思想而展開。因為寫作年代拉開太長，為了校稿重讀一回，竟在一天之內走過了數十年研讀老莊的學術生涯，赫然發現不同年代的寫作風格與學術觀點，已然大有不同，似乎觀點漸趨圓熟，而鋒銳不再，不以犀利的文筆與批判的眼光，來審視與檢驗前賢與同儕的論點與見解，氣勢頓挫許多。一心只想展現自家的生命體悟與學術創見，而不再煩瑣的去引據論證。此直對經典說話，好像投身在歷史現場去感應與體會，在真切的感受中而有存在的體悟。

這幾十年來皆在故紙堆中打轉，心中只有一個念頭，要如何引傳統進入現代，且讓經典回歸生活，倘若傳統經典與現代生活不相干，那讀聖賢書，所為何事。《莊子．齊物論》有言：「道行之而成，物謂之而然。」傳統經典留給後人的是生成原理的「道」，「道」是道理，也是道路，不論那一世代的人物，都要立身在經典的「道」中，找到生命存在的「分位」，親切體認自己是誰？自己想要什麼，與自己要往何處去？就在這一價值理念中「行之」而有「成」，而人活一生的價值美好，就在價值評估中「謂之」而得「然」，人生道上人人「成」我自己，也「然」我自己，這樣的話，人生不會迷失在現代文明的街頭，價值也不會失落在科技資訊的網羅中。而這就是老子「道法自然」的精義所在，也是道家思想留給當代人間的最大資產。

王邦雄序於二〇一三年十一月七日

當代新道家的生命進路

前言

就儒學傳統言，自先秦原始儒家，而有宋明新儒家，而有當代新儒家。先秦原始儒家，承接三代文化傳統，以德性心的內在之仁，充實周文流於形式的外在禮樂；宋明新儒家對抗佛老，返歸儒學的文化母體，再開人文化成的外王事業；當代新儒家，暢通文化本源，求以消化西學的內在之體，從而開展民主科學的西學之用（註1）。就道家思想的源流說，自先秦原始道家，而有魏晉新道家，下至當代，吾人講道家思想，除了知識性的研究之外，理當有立身當代，面對時代問題的價值自覺。

先秦原始道家，面對周文隳壞，批判趨於僵化的人文桎梏，以虛靜心的超越觀照，消解人為造作，而回歸自然真實，以絕棄聖智仁義，作用的保存聖智仁義的價值；魏晉新道家，迫於東漢以來黨錮之禍的政治風暴，知識分子鄙薄扭曲變質的人文理想，逃歸玄理清談的自然天地，王弼郭象注老注莊，以無為本，以有為跡，說聖人體無以會通孔老，實則陽尊孔孟，陰崇道家，到了阮籍嵇康，則直以道家自然，反儒學名教（註2）。道家思想落在今天，一者要能相應於道家思想的義理分位，二者對當代人而言，又能生發其正面的作用。如是，才真正凸顯了道家思想的時代意義。

本文試圖從思想史的發展，與道家思想的形上性格等兩方面，來探討道家思想的義理分位，並尋求道家思想在當代可能有的正面意義。

從思想史的發展看道家思想的義理分位

老子其人「自隱無名」的身世，儘管千古成謎；而其書「道隱無名」的成書年代，吾人通過其義理系統，與其批判的時代問題，大體可以有一合理的推斷：老子其書思想成立的年代，當在孔墨之後，莊子之前，與孟子的年代接近（註3）。

《論語》有句很重要的話：

志於道，據於德，依於仁，游於藝。（〈述而篇〉）

孔子此說，可以理解為儒學思想的總綱（註4）。

吾人再看道德經對幾個重大觀念的回應：

道可道，非常道；名可名，非常名。（〈一章〉）

上德不德，是以有德；下德不失德，是以無德。（〈三十八章〉）

天地不仁，以萬物為芻狗；聖人不仁，以百姓為芻狗。（〈五章〉）

在兩相對照之下，可以看出來老子這幾句代表性的話，直對論語而發，上經首章開宗明義，對「志於道」說話，下經首章第一句話，也對「據於德」說話。而儒學的志道據德，內在根源乃「依於仁」，所以老子在第五章就天地言「天地不仁」，就聖人言「聖人不仁」。

可道可名，是心知人為去執著造作，去認可規定的道與名；常道常名，是在遮撥了心知人為的規格限定之後所開顯的無心無為的自在之道與自得之名。可道與可名，就思想史的觀點言，是指儒家的人文化成之道，與人為造作之名。常道與常名，是指道家「道法自然」（〈二十五章〉）之道，與「道隱無名」（〈四十一章〉）之名。在老子的超越區分之下，可道可名的人文，不真故不常，常道常名的自然，才是真常大道。

此中，道與名相提並論，可能是理解這一段經義的重大線索。名是對生命的本質內涵，作一價值的規定，使生命有一定位與常軌。儒家的人文之道，就定在禮教倫常的名分上，故孔子答子路問為政之道，曰：「必也正名乎！」（〈子路篇〉）若將「名」的觀念，從人生之「道」中抽離出來，在道德經很難有貼切相應的理解。

「不德」與「不仁」的「不」，不是本質的否定，而是辯證的超越。否則，不德有德，即構成矛盾而不可理解。更明確的說，不德與有德不能放在同一層次去理解，有德與無德在實有層說，不德與不失德在作用層說。不德是對生命的本質與方向，不作任何的規定，不落在可道可名的規格模套中。儒家通過「仁」心的呈現，自覺的把生命定在德行正道上，老子則通過「不仁」的超越作用，心虛靜明照，以朗現生命的真實自在。不「仁」就是心從「仁」的道德自覺中釋放出來，不必有人文理想的擔負，如是生命就可還歸自然。老子由不仁的無心，說不德的超越作用，通過不德的超越作用，人才能存全真實的生命，人有真實的生命，就是有德。人之有德，有真實的生命，人人實現自我的生命，就是常道。故老子曰：「復命曰常。」（〈十六章〉）

再看，老子另一段話：

失道而後德，失德而後仁，失仁而後義，失義而後禮。（〈三十八章〉）

這一段話，顯然針對儒家的仁義禮而發言。儒家義理，仁是價值的根源，義是價值的判斷，禮是價值的規範。仁由內通於外說，是內在的充實；由上貫於下說，是超越的決定。然在老子的反省中，仁是有心，義是有知，禮是有為，由仁而義而禮，是生命在心知人為的執著造作中，逐步流落於外的過程。且仁義從聖智來，故要「絕聖棄智」、「絕仁棄義」，由不仁的無心虛靜，通向不德的超越作用，而照顯人人有德的自然常道。

綜觀上述，若不將道德經的成書年代，安放在論語之後，對道德經的義理詮釋，會有扞格不合的困惑。故對老子本身言，道德經自有其獨立自足的義理系統，不過通過思想史的發展，較能看出老子思想的真實內涵與義理分位。老子的「不仁」、「不德」，與「絕聖棄智」、「絕仁棄義」等激切的話頭，皆相應於「致虛極，守靜篤，萬物並作，吾以觀復」（〈十六章〉）而言。通過虛靜的修養工夫，心清平如鏡，即有觀照的作用，可在「萬物並作」的人文紛擾中，使每一個人的生命，在吾人的觀照中復歸他們自己的生命自然。「復」就是「歸根曰靜，是謂復命」（〈十六章〉）。老子又云：

> 絕聖棄智，民利百倍；絕仁棄義，民復孝慈；絕巧棄利，盜賊無有。（〈十九章〉）

絕棄在作用層說，不在實有層說。絕棄了仁義的有心有知，與聖智的有為，聖人「不尚賢」、「不貴難得之貨」（〈三章〉），百姓就無須去爭盜，而歸於自然的孝慈，故曰：「民利百倍。」由是可知，絕棄的作用，是為了保存生命的真實，此老子微旨例略云：「絕聖而後聖功全，棄仁而後仁德厚。」（註5）王弼此言，最得老子以絕棄聖智的作用，來成全聖智之實有的真相。

總括的說，大仁不仁（〈齊物論〉），上德不德與常道不道，此中不仁、不德、不道（不可道），是作用；大仁、上德、常道是實有。老子是以不仁、不德、不道的作用，來保存大仁、上德、常道的實有。就思想史的前後相承而言，道德仁義聖智。本是儒學的義理綱維，老子以作用來保存實有的義理分位，就在通過其絕棄之遮撥辯證的方式，也就是詭詞為用的方式，「作用的保存」儒學的義理（註6）。

老子「即用為體」的形上性格

吾人試圖確立老子思想的義理分位，從思想史的發展，固是一條可能的進路，最重要的還是要從老子本身的形上性格去判定。

老子的形上思考，主要通過「無」、「有」、「玄」來詮釋。其中最具關鍵性的有下列數章：

無，名天地之始；有，名萬物之母。……此兩者，同出而異名，同謂之玄。玄之又玄，眾妙之門。（〈一章〉）

道沖而用之或不盈，淵兮似萬物之宗。（〈四章〉）

天下萬物生於有；有生於無。（〈四十章〉）

道生之，德畜之。……生而不有，為而不恃，長而不宰，是謂玄德。（〈五十一章〉）

天下有始，以為天下母。（〈五十二章〉）

老子體「道」，說有說無，以「無」做為「天地之始」的表示，以「有」做為「萬物之母」的表示，總說道是天地萬物的根源之始，也是天地萬物的生成之母。故一者曰「此兩者同出而異名」，二者曰「天下有始，以為天下母」，可見「無」與「有」不僅同出於道，而且就是道之兩面向雙重性的正面表示。

老子的形上思想，就道生萬物而言，是分為道與萬物上下兩層，一是做為萬物存在根據的道，二是被實現的萬物。然而，老子卻另有三層的分解表示，「天下萬物」一層，「有」一層，「無」又一層，此當如何說？此看似三層，實則可歸為兩層：無與有的「道」是一層，「天下萬物」是一層。老子形上性格的特質，就由「無」與「有」同屬道之一層而透顯出來。

「道沖」是無，「用之或不盈」是有；「生」「為」「長」是有，「不有」、「不恃」、「不宰」是無：道亦有亦無。老子就從道的亦有亦無，說「玄」，故曰「同謂之玄」。此亦有亦無之雙向圓成的生化作用，就是「玄德」。

相對於儒家而言，儒家對天道生生的體會謂之仁，仁之天理，就是創生萬物的超越根據，故儒家的形上原理，惟有「仁」之一層，老子卻析為「無」與「有」兩層，這就是「道」家獨顯的玄理。「仁」是實有，相當於老子「有」的實有層，故老子的形上思考，凸顯了「無」的作用層。

生、為、長是「有」，「道生之」是以「德畜之」之內在於萬物的方式，去生養萬物，此就道之關涉萬物說道的「有」。再就道的自身，說道何以能實現天地萬物的超越之理，就在道是以「不有」、「不恃」、「不宰」的方式，去「生」、「為」、「長」萬物。也就是說，道是以「無」的方式，去「有」萬物，以「不生」的方式去「生」長萬物，以「不主」的方式去「主」宰萬物（註7）。如是而言，老子雖言「有」，其實「有」只顯一「無」的姿態，「無」是沖虛，「有」也是沖虛。「道生之」之「生」，是不生之生，「道」之「淵兮似萬物之宗」，此宗主亦是不主之主，故牟宗三先生判定老子的形上性格，是為「境界型態」，而不是實有型態（註8）。

道之所以是道，道之所以能成為天地萬物的實現原理，就在其亦「有」亦「無」的「玄」，就在其「生而不有，為而不恃，長而不宰」的「玄德」。老子另有一段話，可以透顯他對形上原理的體會：

萬物作焉而不辭（註9），生而不有，為而不恃，功成而弗居。夫唯弗居，是以不去。（〈二章〉）

辭與嗣古通用，嗣即司，司有主宰的意思。故萬物作焉而不辭，與十章、卅四章、五十一章對照看，等同於「長而不宰」句。道德經言玄德者凡四見，此處特顯重要。第十章的玄德，就聖人的修養境界說，卅四章、五十一章的玄德，就天道的實現原理說，第二章的玄德，是就聖人的形上體會說。

生、為、長是功成，不有、不恃、不宰是弗居，功成是有，弗居是無，「功成而弗居」，是「有」了還要「無」，做了一切還要忘了一切，這是就人生修養說。有是「實有層」，無是「作用層」，人生的行程，在「功成」的實有創建之後，還得加上「弗居」的作用修養，否則，功成而居，忘不了放不開，必執著自己的功，而責求他人的回報，如是，功終究未成。總要在吾心「弗居」的時候，才算是大功告成，故曰「夫唯弗居，是以不去」。老子就由人生的修養，往上翻越一層，而有其形上原理的體會。就人生修養說，是「功成」的「有」在先，「弗居」的「無」在後；就形上體會說，則是「弗居」的「無」在先，「不去」的「有」在後。「無」本是心靈的虛靜作用，老子就將本屬「作用層」的「無」，推極為體，是謂「即用為體」。道生萬物是「有」，故曰「有，名萬物之母」；道所以能生是「無」，故曰「無，名天地之始」。合而言之，是以作用的「無」，來保存一切的「有」，實現一切「有」，故曰「天下萬物生於有，有生於無」。

由上述解析，可知老子的形上性格，是以「作用層」的虛「無」，來保存「實有層」的實「有」，把形上層析分為兩層，是為道家的玄理。以「無」為體，此體僅是虛用，而不是實理，僅以其「無」的虛靈作用，保存一切真實的有，唯真實故有，故曰實有。「實有」從「虛無」作用來，此之謂「即用為體」，此之謂「作用的保存」。

從道家思想的義理分位與形上性格說時代意義

吾人從思想史的發展，發現道家思想的義理分位，是作用的保存儒學義理；從形上性格的分析，判定老子的實現原理，是「即用為體」，以虛用來成全實有。統合言之，其義理分位與形上性格，是一致的。假如，道家思想要對當代生發其作用，而有其正面意義的話，就得扣緊在這一分位，這一性格上說。

就因為「無」的體，是沖虛的作用，而不是道德的實理。「無」的沖虛之體，專就「如何體現」的作用說，而不在「是什麼」的原則實有說，故所謂的常道，就在什麼都不是的作用中，去實現什麼都是的實有，此之謂「道常無為而無不為。」（〈三十七章〉）「無不為」的「有」，是「無為」的「無」所帶出來的姿態，純就「作用的保存」說，在「是什麼」的實有原則，根本不能說，是立不住的，由是言之，以道家思想做為安身立命的終極依靠，是定不住生命，是靠不住的。

在歷史的開展上，老子的思想與儒家義理結合呼應，才能得其正位，而生發其正面的作用，凸顯其正面的意義。除純藝術美感的情意觀賞而外，生命的「真」一定要定在「善」，只有道德，才能是我們安身立命的終極依靠。老子以「道德」為主導觀念，可以透顯此中的消息。

倘若吾人不做儒家，未有「志於道，據於德，依於仁，游於藝」的實踐，說道家的「不道」、「不德」、「不仁」，豈非清談而落空。倘若吾人功無所成，徒言「弗居」的修養，功未立，就是有「弗居」的作用，何來「不去」的實有保存呢？

老學之後，莊子援儒入道，荀子援道入儒，皆是以道的「無」，成全儒的「有」，得其義理分位之正，也符應道家形上性格的特質，故凸顯了道家思想的正面作用。（註10）其後，法家、兵家、縱橫家，形上實有無所立，雖消化了老子「無」的形上智慧，一落於人間政治現實，即成縱橫捭闔的權謀術用（註11），故成就的是負面的作用，也就是僅有功能的意義，而沒有價值的意義。

魏晉名士，深得老子清靜無為的生命妙諦，卻以道家的自然，對抗儒家的人文禮教，不免以「作用」為「實有」，而「作用」畢竟不是「實有」，故歸結為狂妄放誕，一往而不返（註12）。此顯然悖離了老子「作用的保存」的義理分位，故一走離儒家，生命定不住，「無」的形上智慧，「無」的虛靈作用，就在人間漂流而無所歸。

今天，吾人講道家思想，當在肯定人生一切正面價值的前提下，去生發「作用的保存」的正面作用。人生一切正面的價值，不外道德聖智仁義，此等正面的肯定與擔當，總是有心有為，有執著有負累，一有執著負累，正面的價值會有變質沉落的危機，生命的擔當也不能長久。以是之故，道家「絕棄」之淨化消解的作用，正可以保存我們對人文理想的肯定與擔當。這樣，才是消化體現了道家的實現原理，並真正的證成了道家思想的時代意義。

結論

儒學的人文理想，在仁心價值的肯定與生命自覺的擔當之下，可能因執著負累，而有滯陷僵化的危機，老子哲學的虛靜自然，正可以化解此一理想價值變質沉落的可能性。

魏晉時代面對的問題，不在理想價值本身通過仁心肯定與生命擔當所拖帶出來的變質沉落，而在儒學人文被政治現實所扭曲所利用，故走離道家思想以作用成全價值的生命進路，而反以道家自然對抗儒學人文，此一道家思想義理分位的偏離，亦存在著一分由歷史悲劇所拉引出來的知識分子的悲情。

今天，吾人承受的時代衝擊，一者來自社會生活上機器科技的籠罩獨霸，二者來自政治思想上意識型態的對決破裂：凡此皆造成心靈的僵滯與生命的迫壓。道家思想在今天，正是一副消解心靈困惑與生命悲苦的清涼劑，以是之故，道家思想在當代，顯然比儒家哲學更讓人感受親切。不過，假如當代的道家，一如魏晉，只是消解只是清涼，而失落生命主體之虛靜觀照的生成作用，未在自在自得中，尋求創造價值的可能，那麼歷史將重演，玄理清談終將落空，顯發不出正面的作用與意義。

故吾人當代講道家，就要積極的肯定現代化的價值，不管民主與科學，都當歸本於儒學的價值倫理。問題在如何體現的作用上，道家思想可以空靈心知，疏通生命，順成立身當代的文化使命，這是我們呼應先秦原始道家，而自覺有異於魏晉新道家的當代新道家的生命進路。

註釋

註1：參看王邦雄〈當代新儒家面對的問題及其開展〉，《中國哲學論集》頁一至三十一，學生書局，臺北，七十二年八月初版。

註2：參看牟宗三先生《才性與玄理》頁一二八至二三〇，人生出版社，九龍，五十九年六月再版。

註3：參看王邦雄《老子的哲學》頁三五至七一，東大圖書公司，臺北，六十九年九月初版。

註4：參看王邦雄、曾昭旭、楊祖漢合著《論語義理疏解》頁四至六。鵝湖月刊社，臺北，七十二年十二月再版。

註5：王弼《老子微旨例略》影本第七後半頁。無求備齋，臺北，四十五年六月初版。

註6：牟宗三先生《才性與玄理》頁一六三云：「惟藉此詭辭的方式以保存聖智仁義，是一種作用之保存。」

註7：牟宗三先生《才性與玄理》頁一四〇云：「『生而不有』，即是無心之生。……『為而不恃』，即是無為之為。……『長而不宰』，即是不主之主。」

註8：牟宗三先生《才性與玄理》頁一六二云：「而沖虛玄德只是一境界，故道之實現性只是境界形態之實現性，其為實現原理亦只是境界形態之實現原理，非實有形態之為『實現原理』也。」

註9：敦煌本、傅奕本、宋范應元本作「不為始」，參見朱謙之《老子校釋》頁六至七，里仁書局，臺北，六十九年十月出版。

註10：參見王邦雄《老子的哲學》頁一八一至二〇四。

註11：參見王邦雄〈老子是權謀思想嗎？〉，中央日報，七十二年十月十一日至十三日副刊。

註12：莊子〈逍遙遊〉云：「大而無當，往而不返。」老子廿五章云：「大曰逝，逝曰遠，遠曰反。」此「反」是回歸之意，在一往前行，無遠弗屆的每一步回歸，且是向上的回歸「道」的生成作用，以保住萬物的「德」，此即放開而回返，布「作用的保存」之意。

走進莊子之學的門徑

用生命讀古人書

在這樣的時代，做一個人蠻累的，很多很多的問題，很多很多的責任，很多很多的使命，很多很多人生的糾結，是否通過道家，可以給我們一個解脫之路呢？在這方面老子、莊子主要是對生命本身做一種關懷，他不談時代的問題，不談歷史的使命，不談人生的責任，他只關懷生命本身，這一點讓我們在人生的勞累中得到一點解放，一點支持。

我是一個詮釋者，我體會莊子的生命精神，再做一感同身受的詮釋。我不敢說我是代表莊子說話，因任何詮釋都加入了當代的精神和關懷。假定我說的跟各家的說法不一樣，不表示各家講錯了，只是說我也有我自己的獨立思考，是各家說的一家言，假定你有不同的說法，不要認為彼此間有太大的歧見。我們唸聖賢書，唸前哲的書籍，都是用我們的生命去唸的，不論是唸論孟還是老莊，因為文字只是符號，我們通過這個符號，用我們的生命和前賢的生命作一種千古的呼應，所以只有真實活著的人，才可能唸懂四書或老莊，我只是通過我的方式，我唸懂了他，然後通過我的方式，跟諸位做一個詮釋，諸位以你們的生命，通過我的方式，跟莊子做一種生命上的呼應。我想古道照顏色，最重要的精神在此。當然學理我們還是要研究探討的，不過最重要的，還是我們進入老莊的思考中、老莊的生命中，這樣讀聖賢書，才能得到他的好處。

魏晉新道家的注解

《莊子》分內、外、雜篇，這是郭象分出來，今天我們看到的本子就是郭象注本，所以內、外、雜篇由郭象來判定，郭象注莊等同王弼注老，王弼不只注老，他也注易，郭象則注莊，這就是魏晉時代，清談玄理的三玄，他們談玄的素材即來自《老子》、《易經》、《莊子》。王弼注老跟注易是千古名作，一、兩千年下來，很少人可以超過王弼，他是中國哲學史上僅見的天才，廿四歲就過世了，在今天，只是大學剛畢業的年齡，就已留下了兩部千古不朽的傳世之作。郭象注莊可以和他相提並論，所以王弼、郭象幾乎可以代表整個魏晉新道家的思想。我們知道先秦的思想家中，最重要的就是儒家跟道家兩派，秦大一統是通過法家的，到了兩漢以後，又把方向扭轉，扭轉到儒家的時代，但是他們是通過道家的智慧，所謂黃老治術做底子。董仲舒獨尊儒術，兩漢可以說是學術思想落實於政治社會的時代，所以，從純哲學的觀點來看，是不如先秦諸子百家飛揚的精采，但是任何一個時代，要把人間的理想做一種落實的話，當然他是有很多牽扯，很多的沈落，所以學術思想庸俗化，學術思想政治化，政治本來是很俗的事情，牟宗三先生講得很好，一個很玄妙的人去當政治家，會遺害天下。政治家要很能夠落實，兩漢剛好是這樣的時代，通過儒道兩家的思想來看，兩漢恐怕是一個相當滯陷的時代，我們可以看看勞思光先生的《中國哲學史》，不過勞先生認為《中庸》、《易傳》、《大學》都是兩漢的，恐怕新儒家的學者很難同意。新儒家就是唐、牟兩位先生做為代表，還有以《鵝湖雜誌》為中心的一些朋友，新儒家是理想方向的認同，不是現實名位的黨同伐異，他也不是一分榮耀，只是一種責任感，自我期許的責任感。我們說當代新儒家，很多人不高興，事實上說當代新儒家，並不表示比較有學問，或許可以說是對文化傳統認同感比較強的人吧！

兩漢在這樣的時代中，當然學術思想不得伸張，所以我說兩方面，一個是現實化，來自民間的庸俗化，另一個是政治化，來自朝廷的，儒道都變成術，不管獨尊儒術，還是黃老治術，都是術。這個術在孔、孟、老、莊都不是根源的所在，重要在「道」。另外東漢以後對抗王莽，王莽把儒家的禪讓說，在他身上做一落實表現，他覺得應該有德的人在位，這是儒家最高的理想，他看看皇帝，再跟自己一比，顯然自己比較有德，而且有才，所以他發動天下十萬讀書人，上書讓自己即位，這一來，是把堯舜禪讓轉往篡位來運用，這是儒家思想被政治化，很具體的一個表徵。所以東漢光武帝只好講究氣節，讀書人怎麼可以沒有氣節，居然十萬個讀書人，聯名上書要王莽即位，所以獎勵氣節之後，知識分子生命昂揚，跟政治朝廷對立、決裂，後來演成東漢的黨錮之禍，株連數萬人，中國讀書人已經沒有進路了，然後魏晉的曹家、司馬家，他們是知識分子，所以對知識分子的壓迫更深密、懂得知識分子有心靈、有理想，所以在層層進逼之下，知識分子沒有出路了，所以只能回到道家，道家的山水田園。生命本身，成為他們所有的天地，假定通過儒家來說，他們是沒有天沒有地，因為不容許他們有天地，儒家的天地已經失落，所以他們只能有道家的天地，他們就在道家的天地中，通過《老子》、《莊子》、《易經》，開展所謂新道家的時代，整個時代精神都是道家的，所以我說：魏晉是比老莊更老莊的時代。因為老莊的關懷，主要還在政治人生，但到了魏晉，政治人生已失落了它的理想性，經由東漢魏晉，整個時代空氣，似乎都是為老莊而開放的，名士生命，落在《易經》、《老莊》，做一種玄理清談，所以叫新道家。老莊是先秦的原始道家，王弼郭象，注老注莊，是魏晉新道家。

《莊子》內外雜篇是郭象判定的，而郭象是魏晉的代表，而魏晉又是比老莊更老莊的時代，所以內、外、雜篇的分判，我們認為是可靠的，以什麼做為保證，以他的生命，以他的注解，所以有的人說訴諸權威不好，你怎麼可以訴諸權威啊？但是學術是要訴諸權威的，只是不要權威的誤用，權威還是代表一個可能的觀點，所以很多人懷疑內、外、雜篇的分判，我們要不要接受，今天我們看過來，外、雜篇都是以篇首的兩個字，做為篇名，內篇都不是，〈逍遙遊〉、〈齊物論〉、〈養生主〉、〈人間世〉、〈德充符〉、〈大宗師〉、〈應帝王〉都不是，而且每一篇名幾乎代表全篇的精神和思想，所以我想這其中是有不同的，郭象分判內、外、雜篇是有他的依據，這個依據就是他對老莊深刻的了解，所以保證就在他是郭象，一個人的形象不是宣傳出來的，那是經由一篇篇的著作，或是多年的心血才建立的，我想對於內、外、雜篇的分判，我們接受郭象的說法，因為郭象是這方面的專家。

內、外、雜篇的分判標準

內、外、雜篇最大的分判，我們根據王船山、唐君毅二位先生的說法，所謂內就是在莊學之內，外就是在莊學之外，雜則是莊學之雜。假定我們要採取一個比較寬泛的說法，我們可以說《莊子》三十三篇都是莊子的思想，但這樣說，是表示這是莊學，而不是講莊周這個人，像《韓非子》的好多篇章，都不是韓非寫的，這樣的話，我們說韓非子的思想是一個統稱，就是韓非學派，包括韓非和他的後學，嚴格的說，只好開始用代表性的著作，看看哪些篇是比較精純，可以代表韓非思想，所以一般說來，我們是通過〈顯學〉、〈五蠹〉來看其他篇章，因為〈顯學〉、〈五蠹〉在《史記》中提到，而且事實上也寫得最好，也許你可以懷疑這兩篇不是韓非寫的，那麼寫這兩篇的另外一個人就叫韓非，原來那個人取消，韓非當然是《韓非子》這本書寫得最好的那個人，名字只是一個稱號，我們只是關懷他的思想和他的文章，所以〈顯學〉、〈五蠹〉的那個作者叫韓非，所以我們要嚴格要求韓非思想，是通過這兩篇思想來看其他各篇，是否和〈顯學〉、〈五蠹〉一致。我們看《莊子》也是採取這個觀點。不過郭象已經替我們分判了，我們就沒有這個問題，因為內、外、雜篇就是他提出來的，當然我們今天還是認為郭象是可以懷疑的，我們可以再檢討、再反省，再看看哪些篇章可以代表莊子的思想。

㈠莊子思想以內篇為主

當然全部唸過來，如果來個排行榜，第一名還是內七篇，不過中文系的教授很喜歡〈秋水〉，很多大學院校的國文課本都採用這一篇，不過〈秋水篇〉，無論它的筆調氣勢與思想精神，都遠不如〈齊物論〉，這可以對照比觀，但〈齊物論〉不被重視，原因何在？因為很少人可以把〈齊物論〉講通的，〈秋水篇〉顯然比較容易講，〈齊物論〉很難講。結果造成一個印象：最好的就是〈秋水篇〉。我們純然做一個讀者，把《莊子》

全書逐篇唸過來，恐怕排行榜的第一名，還是內七篇。所以我的觀點是，要根據內七篇來看其他篇章的可信度，以內篇為主，來看外、雜篇哪些篇章有精義、有進展，這是通過內篇來看，而不是通過外、雜篇來詮釋內篇。我們看過太多專家學者詮釋莊子的書，包括我們很尊敬的前輩先生，他們一寫莊子的思想，就用莊子的本體論、宇宙論，莊子的方法論、知識論，莊子的人生哲學、政治哲學來論述，用西洋哲學的範疇來分類，我們覺得這裏有很大的問題，比如你採取形上學的觀點，馬上就碰到本體論，或是存有論，再來就是宇宙論，但這些語句在內篇都沒有呀！所以你很自然就轉向〈天地篇〉、〈知北遊〉去找材料，而這兩篇是客觀的說宇宙的生成原理，所以外、雜篇是把莊子的道由生命往外推的，把它推到生命之外，莊子最重大的學術性格，就是把老子的道，完全的吸納到我們的生命中，把整個道家的道，道家的理想，道的無限性，完全化入我們的生命流行中，在我們的生命人格中，去開展出來，實現出來，所以他是把道吸納入生命中。老子還客觀的講道，而莊子的道，已內在於人的生命講，莊子講天人、聖人、至人、真人，都講人，天落在人的身上，所以道家的道內在化，就是莊子。這一點可以看看徐復觀先生的《中國人性論史》，強調莊子是老學的內在化，根本上，這個了解是很具洞見的。

㈡外篇是莊學之外，道之外

外篇就是把它推出去，它不僅是莊學之外，也是道之外，把道吸納進來，叫內篇，把整個道家天地自然的道，道的理想、道的精神，完全化入我們的生命中，叫內篇，所以莊學之內，就是道在生命之內。莊學之外，就是道在生命之外，所以叫外篇。你憑什麼說莊學？當你分判莊學之內、莊學之外、莊學之雜的時候，請問，你把標準放在什麼地方？當然是莊子本身，為什麼莊子是一個標準？顯然以莊子做為標準太主觀了嘛！莊子也是一個人，「舜人也，予人也，有為者亦若是」，莊周人也，予人也，那為什麼莊周是一個標準，因為他把宇宙自然之道完全化入他的生命流行中，這就是道的體現，整個生命都是道，道與他無隔，這在〈天下篇〉叫不離，〈天下篇〉談到最理想的人格是不離於宗的天人，《論語》講不違，孔子說顏回最賢，因為顏回「不違如愚」、「三月不違仁」。

㈢雜篇是莊學之雜，道之雜

另外雜篇是莊學之雜也是道之雜，有體會也有精采，但不是全貌，也許具體而微，總是微。依據王船山跟唐君毅先生——我看唐先生可能受到王船山的影響——對莊子的理解，所謂雜是就形式結構說。我個人認為牟先生對老子是獨具慧眼，但講莊子我覺得唐先生比牟先生親切，兩位先生的生命根處似乎有所不同。生命性情近於儒家的人，比較能契入莊子的生命。在歷代解莊中，像憨山大師也有獨到處，憨山大師是佛門人物，卻滿懷儒家精神，很自然通向把道家智慧消融在生命中的莊子。道家智慧與儒家生命最直接會通的人，我認為是莊子。因為老子還是透顯形而上的智慧，哲學的玄思，莊子則放下平平，照見生命的真實。所以我讀唐先生的《中國哲學原論》，他講莊子我覺得很受用，但講老子的話，卻不太相應，儘管他歸納出來道有六義，分析相當細密。我在研究老莊的過程中，本來自己也沒有反省，後來才發覺在我的幾篇文章中，講老子都引用牟先生的說法，講莊子大都引用唐先生的觀點，後來幾經思考，發現自己對老子的理解近於牟先生，對於莊子的體會則與唐先生相近。牟先生是哲學家，屬於智者型，唐先生，如牟先生所說是文化意識宇宙的巨人，是仁者型，所以他對空靈智慧透入生命真實的莊子，體會相當深刻。

唐先生跟王船山兩位，解釋內、外、雜篇，有一個說法。假定我們把一個作品，分成形式跟內涵來看的話，外篇是形式一貫，它全篇前後連貫，可以一氣呵成，但是內容一語道破，了無餘意，所以是外。也就是說他形式上完整，內容上比較淺薄。雜篇相反，他在內容上時顯精采，但形式上段落各自獨立，彼此不相連屬，每一段都有精義，但段與段不相連貫。雜就是雜引泛記之謂，這是船山的說法，偶有所得，就記他一筆，有如雜記，所以內、外、雜篇的區分，王船山跟唐君毅先生採取一致的觀點，我看胡適之在中國哲學史的考證中，他判定哪幾篇比較可靠，也受到船山的影響。我這裏提出了對內、外、雜篇區分的新詮釋，在莊學之內是內篇，在莊學之外是外篇，莊學之雜是雜篇。然後再加新解，道在生命之內謂內篇，道在生命之外謂外篇，道在生命之內，卻不夠精純，時有所見，但不是整套的，而散落各處，這是雜篇。此中的區分是由郭象判定。所以儘管我們可以不承認郭象是唯一的權威，但是我們好好去唸的話，恐怕也不能推翻郭象的說法，千古下來，他仍然是魏晉新道家，在道家方面是權威學者，所以為什麼我說要講內七篇，然後再講〈天下篇〉，就是這個道理。

〈天下篇〉是後序篇、綜論篇

〈天下篇〉比較特殊就是他在雜篇之後，那等於就是整部《莊子》的最後一篇，〈天下篇〉的義理、氣勢、文筆與結構，絕對不遜於內七篇，所以造成歷代研究《莊子》的學者，心裡很大的負擔和不安，你怎麼可以讓〈天下篇〉流落在雜篇，它是莊學之雜嗎？他是道之雜嗎？我們去唸它，就知道不是。我看在內篇中，可以和〈天下篇〉相提並論的，恐怕只有〈齊物論〉，〈逍遙遊〉當然很好，但就氣勢萬鈞的筆力來說，〈天下篇〉可以跟〈齊物篇〉前後呼應。所以很多人自然會作如是想，像〈天下篇〉這樣的大文章該是莊子寫的吧！後來《莊子》的後學，一篇篇寫出來，所以就把那一篇一直往後挪，因為那篇是《莊子》的後序，莊子寫了內七篇以後，把它附在第八篇，但另外一篇出來，它變成第九，再一篇出來，它變成第十，所以三十二篇出來，它變成三十三。儘管〈天下篇〉是最後一篇，被列在雜篇中，但它是《莊子》的後序，很多學者採取這種說法。我反對，我認為〈天下篇〉是莊子的後起門徒寫的。

〈天下篇〉不是莊子的作品

或者你們也可以先看看，我在第一屆世界中國哲學會議提出的一篇論文（登在七十三年十月號的《鵝湖》）我通過〈天下篇〉的思想系統與義理結構，判定〈天下篇〉的作者不是莊子，因為他整個義理系統跟莊子是不同的，它試圖對先秦諸子百家的哲學做一大綜合，〈天下篇〉的精神旨趣，就在吸納先秦諸子的義理系統，而完成另一個系統。它給各家都有一個定位，從三代以來，各家都有一個定位，各家都有評述，包括莊子本身的思想，所以這應該是莊子後起之秀寫的，因為它跟莊子內七篇的思想體系是不同的，精神上是有距離的，且莊子不會那麼客觀的來分析自己的思想，所以我認為〈天下篇〉不是莊子寫的。

〈天下篇〉在內、外、雜篇之外

但〈天下篇〉列在雜篇，確有不妥，因為在形式結構上，〈天下篇〉前後呼應、上下連貫，又不能說它是外篇，因為它的義理內容並不淺薄。我不曉得郭象分判內、外、雜篇時，有沒有感到很大的遺憾，今天我們做為一個後學者，就感到很大的遺憾，它不是內，因為它是評述各家思想的理論系統，與內七篇把形上道體，化入生命人格中的路數顯有不同，所以不能把它列在內篇；它在形式上一氣呵成，內容上又很深刻，你不能說它是在道之外，說它是外篇。二者皆無法妥適安排，只好把它放在雜篇。依吾人看來，它應該在內、外、雜之外，獨立成篇，是為後序篇，或綜論篇。

今天我們講《莊子》，主要講內七篇跟〈天下篇〉，散見外、雜篇的精采寓言，在講內篇的時候，我會把相關的引出來參看，像〈秋水篇〉最後一段惠施跟莊子濠梁之辯就很精采。儘管只講內七篇，但是我們可以通貫整個莊子的思想、整個莊子的生命精神。

運用西方哲學的範疇概念來讀《莊子》是不相應

有的人一講《莊子》就是莊子的形上學，包括本體論、宇宙論，再說知識論、方法論，我認為這樣來唸中國哲學，是哲學系的通病。顯然通過西方的概念系統與思考方法，對中國哲學的研究比較能有清晰的理解，而且方便與西方哲學做學術思想的溝通。但是在這樣的詮釋上，還是要回歸到中國哲學本身特有的性格，所以有一些碩士論文、博士論文老是運用西方的範疇概念來割裂中國哲人的思想，這是很不相應的。我寫出來的《老子的哲學》，並沒有依形上學、知識論、倫理學的序列鋪排下來，在我的篇章發展上，我完全沒有採取這樣的理論架構，在這一點上，我們覺得應該讓中國回歸中國，當然講哲學一定會有西方的概念系統和思考方法做為支持，有助於我們對中國哲學性格的釐清與把握。

我們討論到《莊子》分內、外、雜，為什麼？我提出一個客觀的判準——那是郭象分判的，而郭象是莊學的權威，他的時代支持郭象，而郭象注莊的深入精采，又支持郭象在莊學方面的權威地位，再進一層說，也不是郭象判定，而是依據莊子的思想性格來考察，那一篇章是在莊學之內，還是莊學之外，還是莊學之雜？最後說分判的標準也不一定是莊子，而應該是道的本身，看道是生命之內，還是在生命之外，還是生命之雜？我想，這樣逐步的把問題做一個探討，就可以確定到底內、外、雜篇它的客觀根據在什麼地方。

莊學的誤解起於《史記》

老、莊、申、韓為何同列一傳，這應是思想史上的重大問題。《讀子卮言》一書認定由老轉向申、韓，莊子是其中的關鍵。梁任公說《史記》把老莊申韓同列一傳，是最得真相之見。《讀子卮言》就順著這個思路，斷言莊子是由老轉向申韓的關鍵。我們知道老子是生命的智慧，但到了申韓變成政治的權術，把道家的形上智慧轉向政治現實去運用，而莊子竟然是其中轉變的關鍵人物，所以老學的沈落，莊子是一個罪人。我想《讀子卮言》可能是受到梁任公的影響，或者他們有不約而同的看法，不過他們的根據，都在《史記》。所以對於《史記》的根本觀點，先要做一番探討釐清的工作。說《莊子》是道法之間的轉關，怎麼會有這種想法，令我十分困惑不解，後來唸了《史記》才恍然大悟，後代對莊學的誤解從司馬遷開端，我們終於找到了學術誤解的源流。把莊子當作是老學權術的轉變者，這個形象是司馬遷塑造出來的，司馬遷說莊子「詆詆孔子之徒，以明老子之術」，又說他「剽剝儒墨」。但是我們讀《莊子》，我的想法剛好相反：我認為莊子是孔子的繼承者，我喜歡唸《論語》、《莊子》，我覺得《論語》、《莊子》對我們的生命最有真切感，我看內七篇中，莊子把他最重要的修養理論，都通過孔子跟顏回的對話中表達出來，這當然是寓言，也是重言。寓言故事是以孔子顏回為主角，重言是借重前賢來說話，莊子把最重要的修養理論，通過孔子跟顏回講述出來，在〈人間世〉，〈大宗師〉講心齋、坐忘的修養工夫，心齋在〈人世間〉，坐忘在〈大宗師〉，莊子把道內在化的精神涵養，都通過孔子顏回師生的對話講述出來，他沒有說老聃或楊朱，他是說顏回跟孔子，我覺得莊子很能繼承《論語》對生命的貼切體會，太史公竟然說他剽剝儒墨，而且詆訿孔子之徒，讓人百思不得其解。

再看《史記》認定的莊子代表作，他提了三篇：〈漁父〉、〈盜跖〉、〈胠篋〉，我們才恍然大悟，為什麼司馬遷對莊子會採取這樣的一個觀點，〈漁父〉、〈盜跖〉、〈胠篋〉，都在外、雜篇，他以外、雜篇的作品，而且是被蘇東坡、王船山評為是最沒有莊子精神的作品，這幾篇船山根本拒絕作注。所以我們發現一個問題，原來太史公以莊學中最低劣的作品，作為代表作，為什麼？我們要問為什麼？原來代表作是這幾篇，而這幾篇是在莊學中最低劣最淺薄，思想家拒絕為它作注的，結果太史公卻舉為莊學的代表，不曉得他跟莊周的後代有什麼過不去的問題，這當然是憑空臆測，聊備一格，學術論文這樣說話，一定不及格。再不然就是太史公的鑑賞能力有問題。第一個意思就是他別有用心，當然這是猜測人家的動機，看看司馬遷是不是跟莊學的後代有一點瓜葛或過節，所以故意整人。這樣猜測人家的動機，當然不行，我們不屑為之。第二個他的鑑賞眼光有問題，但是以司馬遷所寫的《史記》，我們當然相信不會有這個問題，「究天人之際，通古今之變，成一家之言」，太史公的鑑賞眼光怎麼會有問題？他整部《史記》的卓越精到，就可以做為保證。第三個，他沒有讀到《莊子》內篇的作品，我認為第三點比較有可能，因為今天我們看到的本子是郭象注，而郭象的注本是魏晉時代的，司馬遷是兩漢，今天我們看到的最早本子，是魏晉注本而不是兩漢，所以我們就開始懷疑，司馬遷你到底看到什麼樣的本子，你唸了《莊子》哪幾篇的作品。今天再怎麼說，我們要提三篇作為莊子的代表作，不是〈逍遙遊〉、〈齊物論〉、〈養生主〉，至少也要是〈人間世〉、〈德充符〉、〈大宗師〉或〈應帝王〉，不然的話，〈天地篇〉、〈知北遊〉、〈秋水篇〉也還可以，或者是〈庚桑楚〉、〈寓言篇〉與〈天下篇〉等，結果都不是。他用倒數的，倒數的是被歷代思想家，認為最沒有可讀性，最悖離莊學思想的篇章，作為莊學的代表，為什麼？第一個別有用心，第二個鑑賞眼光有問題，第三他看到的本子有問題。假如說那時候《莊子》書只有三篇，〈漁父〉、〈盜跖〉、〈胠篋〉三篇，但是他又說故其著書十餘萬言，十餘萬言是很符合現在莊學的篇幅，所以他看到的莊子，不可能只有這幾篇。

老、莊、申、韓同列一傳對嗎？

我剛剛說到老、莊、申、韓同列一傳，把莊子當成是老學沈落的關鍵，而這個說法又很得到當代很多學者的支持，認為是最得真相之見，我認為誤解是來自司馬遷的《史記》，因為他所列舉的三篇是在莊學之外，是莊學之雜，是在道之外，是道之雜。結更他竟拔取為代表作，並以此來衡定莊學性格，當然是「詆訿孔子之徒，以明老子之術」了。現在我有一個想法，他的版本沒有問題，是兩漢有問題。兩漢整個思想，對儒道兩家是落在術來討論，所以以明老子之術，恐怕是代表兩漢思想家或學者的共同觀點。因為他們要汲取智慧，為他們的時代找出一條通路，那個通路就是術。事實上，「術」在〈天下篇〉、〈大宗師〉都正面論及。〈天下篇〉是把它分成方術跟道術，他不光講一個治術。我提出一個解釋，也許司馬遷受到家學的影響，因為他的父親司馬談〈論六家要旨〉，也很強調道家的術用，是不是他的家學淵源，形成他學術上的特殊觀點，而掩蓋了客觀的面貌，讓真相不顯？

所以有時候，一個家學，一個門派，或是時代的色彩，很可能扭曲一個學術思想的發展。我僅是提出問題，我沒有解決問題，我只是在問為什麼？我們當然不是認為他別有用心，也不是說他的觀點有限制，很可能是他看到的本子有問題。再問為什麼看到的本子有問題，因為兩漢的關懷在術的運用，而司馬遷又有他的家學淵源，這樣看過來，那我們就很為莊子抱屈。是以通過《史記》來看莊子，那顯然是不對的，凡是受到《史記》論述莊子的影響，所衍生而有的觀點，所支持出來的理論，都是不能成立的，因為根本出在太史公對莊學的誤解。所以我覺得，老、莊、申、韓同列一傳最不得真相，我們採取跟梁任公相反的觀點。從司馬遷的《史記》，老、莊、申、韓同列一傳，再經過《讀子卮言》、《中國學術思想變遷之大勢》等書的觀點，我提出來的一個解釋。我這樣的解釋，是希望對老子、莊子、申、韓、慎到、告子、荀子都有一個義理的交待，等於對老學傳承作一個解釋，一個學術流變史的解釋，因為假定只說老子是影響那一個思想家，是看不到真相全貌的。

老子思想的流傳

老子的思想，可由兩方面去考察，一是生命，一是心知。一般了解老子，總是往單方面想，老子是回歸自然。實則，老子是分兩邊說的，一是心知，一是生命，假定我們通過儒家來說的話，心知就是心，生命就是性，儒家還是講心跟性的，問題是儒家的系統中，心性是一呢，還是二？心性是一，那是孟子的系統，心性是二，那是荀子的系統，假定通過儒家來說，有一個心，有一個性，心我們說它心知，性我們說它生命，老子的哲學，是用心知來照顯生命，怎麼說呢？有時候我們看不到生命，我們的心不夠清明，我們的心沒有透視，看不到自己的生命，心都看到名利權勢，看到人際關係，看到利害關係，都在一個現實的牽扯中，我們從來沒有透顯自己的生命，從來沒有關懷，也沒有用多少心思去開展自己的生命，我們讓自己的心知迷失在十字街頭，在人世的名利追尋裏面，失落自我的真實。老子最重大的貢獻就是讓我們的心知還照生命，我們一般是把心知落在現實的事業、名利問題和其他的問題上，最根本重要的反而迷失、失落，老子讓我們的心直照生命，不照其他，全面的關懷、終極的關懷在生命，整個心知為生命而開發，這個返照，在道家叫觀，我們叫它做觀照。我們的心是有照明的能力的，這個心是可以照顯我們生命的真實的，心知的這邊，老子叫無，生命的那邊，老子叫有，他是用心知的無來返照生命的有，有什麼？有真實啊！有就是存在，通過心知的虛無來返照生命的實有，這是老子哲學的價值歸趨。

我們一般人唸《老子》，只看到虛無，總覺道家虛無好好哦！但是虛無又怎麼樣呢？沒有追尋，沒有名利，沒有一切牽扯，沒有任何困擾，那又怎麼樣呢？事實上，道家的無是照顯生命的有，老子說：「天下萬物生於有，有生於無。」天下萬物你一定要活在你的真實，你真實才實有啊！你不真實、你虛假，就不存在啊！虛假過一生，等於沒有活嘛！所以真才實有，假就是虛無，天下萬物你生於何處？生於你的真實，你不真實，你沒有活，這是道家天下萬物生於有的最重要的意思，然後老子再問第二層意思，請問：我怎麼樣才能夠真實啊！有生於無，你生命的真實是通過你心知的虛靜明照而照顯的，所以老子說：「致虛極，守靜篤，萬物並作，吾以觀復。」復就是回到他的真實，我心虛無了，就有一個照明的能力，就像一面鏡子，你時時勤拂拭，莫使惹塵埃，每個人站在鏡子面前，就照顯自己的生命了。照顯自己、照顯世界，照顯每一個人，天下萬物都照顯，都真實都有了，通過我心的空無一物，就可以照顯天下的無所不在，無不真實，這是老子最重要的理論。用心知的虛無，來照顯生命的實有，這一來就發展出老學兩條路，就好像孔子的仁跟禮，仁影響孟子，禮影響荀子，兩條路啊！仁影響曾子，再影響孟子，禮那條路，影響子夏，再影響荀子，孟子那條路影響陸王，荀子那條路，影響程朱。不過朱子試圖把孟子和荀子的系統，作一個結合，他的心是荀子的，性是孟子的，性即理就是性善說，但他的心是虛靈不昧！是氣的靈明，只有老子的心才講虛靜明照，只顯虛靈的作用，而不是實理，老子的虛靜心，到了荀子轉成虛壹而靜的認知作用，荀子再傳給朱夫子，所以朱熹透過荀子受到道家的影響，我是在講傳承的線索，孔子仁禮並重，開出仁跟禮的儒學兩路。

㈠心知與生命兩路

在老子心知跟生命是兩路並行的，心知還照生命，都是形而上哦，所以他的哲學叫生命的智慧，而這個生命是形而上的，是不管誰成功誰失敗，更不是什麼君人南面之術，那個生命，是生命本身，是形而上的智慧，因為他直照生命本身，他不是把智慧用在權勢名利上做奔競爭逐，掌握利用的功夫。他的心知是虛靜的，是無；直照生命本身，讓生命顯現，是有。所以道家這個心知，我們說它是生命的智慧，是形而上的智慧。你把它用在政治，是形而下的運用，形而下的權術，但老子不是哦！他直照生命。這兩方面往下開出老學兩路，一個是心知那一路，一個是生命那一路。生命那一路的代表是莊子，心知那一路的代表，就是荀子。

㈡莊子是生命一路

對於老子所開出的生命，得其正的是莊子，莊子把老子的心知，完全化入在他的生命人格中，完全不顯智慧的精采，因為他已經把心知的智慧汲納到生命中，大智若愚，愚是生命，大智是心知，大智若愚這句話來說莊子最恰當，為什麼是大智？因為他不是一般的智，他是形而上的智，這叫大智，在《道德經》中講大，都講形而上，「強為之名曰大，大曰逝，逝曰遠，遠曰反」，《道德經》二十五章講大，是描述形容道體。大智就是形而上的智，一般的智是小智，所以〈逍遙遊〉說到「小知不及大知，小年不及大年，是小大之辨也」，〈逍遙遊〉也講智的大小，大智就是把整個生命汲納到生命中，而不顯精采，這叫若愚，若愚就不見了，整個瀰天的智慧，到了生命，就沒有了，這叫消化。我們精神的涵養，就是把自己生命的精采消化掉，所以莊子的哲學，不像老子透顯對政治人生的智慧，你看《道德經》被我們徵引鐫刻的話語實在太多了，每一句話都是智慧，但在莊子每一個地方都是生命，全幅智慧在生命，所以莊周是把老子的心知，化入到生命流行中，所以他不講天怎麼樣，道怎麼樣，他講天人、至人、神人、真人，都講人，因為道就在人的生命中，所謂不離，就是天人一體，所以各家思想的高明智慧都由老子而來，很少通過莊子。

莊子的影響主要在文學藝術，文學藝術是生命的描述，生命真實的反映，通過莊子最恰當，但是你要做兵家嗎？縱橫家嗎？法家嗎？那智慧從什麼地方來？當然是老子，因為老子還是透顯智慧，透顯智慧的相。他是用智慧來還照生命，莊子不用照了，他本來就是一體，心知在生命中，心知完全化入生命流行中，心知沒有獨立的地位，不顯獨立的地位跟精采。這是莊子把老子的智慧完全汲納進來了，所以唸《莊子》我們只覺生命在流行，天人、至人、神人、真人在那個地方，而不像老子，「道可道，非常道」，讓你講解詮釋了好幾個鐘頭，他每一句話都給我們很大的啟發性，智慧的啟發性，但是得其正，是照生命，哪一個哲人得到具體的真實，是莊子。果然全幅心知僅照生命，而且心知就在生命中，結合為一體，所以莊子是道家生命精神的代表。

㈢荀子是心知一路

我們再說荀子，荀子是老子的心知從生命中脫落，心知開始獨立出來，跟生命分離，因為荀子講性惡論，他不能承認生命那邊的善，那邊的真實，在荀子來說，人性只是一個自然，而自然不是美好哦！自然只是一個混沌，一個素樸，一個有待人為加工，才能顯現他的美感！所以在荀子說來，他的心知從生命中脫離出來、獨立出來，所以他專顯老子的心知……，一切靠禮義之道，一切靠人為的心知來建立來開發，否則世界沒有文化，人類沒有未來。荀子是最強調人為的哲學家，所以在荀子說來，自然什麼都沒有，沒有生命可照，所以心知從生命中脫落，獨立發展，莊子把心知消化，消融到生命中，成全生命的真實；荀子是心知從生命中獨立出來，專顯心知的作用。他沒有生命可照，他去認知：轉向人文傳統的學習跟繼承，通過心知認知禮義之統，通過禮義之統，開禮義之道，好好唸歷史，好好唸中國歷代的文化傳統，我們就可以找到當代的進路，人的心知虛靜的修養，就是使我們更能虛心的走進知識的領域，為時代開出一個未來的可能性。所以荀子轉而把老子的智慧，落在知識上來運用，開展政治人生的可能性。荀子專顯老子的心知，莊子專顯老子的生命，我想老子最重要的影響是這兩家。

當然，儒道兩家是互相激盪，一個思想家不可能只在一個家派中成長，他一定要回應其他家派的思想，他一定要面對他的時代的問題，否則他不是哲學家。哲學家一定要能夠對應時代問題，對應人生問題，一定要為未來開出可能性，否則你怎麼承先啟後、繼往開來！所以荀子把老子的心知從生命中脫離出來以後，他往歷史文化傳統中，去探索今天或未來中國的可能性。所以荀子顯禮義之道，禮義之道的文化傳統，從孔子而來；但心知的作用，卻從老子來，他說心是虛一而靜，孔孟的心是仁心良知的實理，只有老子的心是虛靜明照的作用，莊子也講虛壹而靜，所以這個心就是後來朱熹講的氣之靈也，虛靈不昧不是實理，純然是作用，而這個心是由老子來的。說由老子來，是通過荀子而言，我們不必諱言某些儒家受到道家的影響，道家也有它化解成全的作用！依我的觀點，莊子可能受到顏回的影響，顏回是孔子的學生呀！很顯然的家派之間的壁壘分明，不一定能夠看到歷史的真相，我們看到這些思想家，果然心胸開放，氣勢磅礡，因為他們可以汲納另一個家派的思想，這個是心知跟生命兩路開展出來的，老、莊、申、韓同列一傳，顯然不得真相，是因為申、韓跟莊子不在同一邊。所以假定我是司馬遷，我要寫《史記》，也是大傷腦筋的，你看我要怎麼辦呢？應該是老、莊、愼到、告子列傳，然後再寫老子、荀子、申、韓列傳，我似乎要寫成兩邊才算周全。但事實上，是不可能，因為荀子跟孟子對顯最精采，所以是孟荀列傳，墨子是附屬在孟荀列傳之後的幾句話而已。老莊當然同列一傳，所以老莊同傳，但又發現申韓的治術離不開老莊，離不開道家，所以把申韓加進去，這樣說來，也得真相，也不得真相，因為莊子被夾雜其中，所以莊子的真相不顯。我想任何學術論文都有這種遺憾，假如你是司馬遷的話，恐怕不知如何來寫這個列傳了。不然你就來一個大混合大雜膾，老、莊、申、韓、荀子、愼到、告子列傳，但這又不像一個列傳了。我是把司馬遷的苦衷說一說，當然我的了解是否和司馬遷一致，也有問題。不過我想我們要化解一個問題，又要加以解說，所以我們提出老學傳承的路線，來解明其中的難題曲折。

㈣黃老治術與魏晉名士

我們剛才是說得其正的兩家，現在來說不得其正的，又是怎麼樣的面貌。因為不得其正的，一邊是愼到、告子，我認為這兩位都是道家的生命，都落在「氣」上說；

另一邊是申韓法家，是道家的心知。一個生命，一個心知，心知這一路最具代表的是黃老治術，在生命那一路最突顯的是魏晉名士。魏晉名士在生命上表現，但是跟莊子做一個對照，顯然不得其正，他沒有莊子開闊的境界，也沒有對生命的終極關懷，似乎只是逃避隱遁；另外申韓和黃老治術跟荀子來比，也不得其正，為什麼這兩邊不得其正？荀子的心知是落在歷史文化的傳統，他的虛壹而靜不是直照生命，他的虛壹而靜是去探討歷史文化的傳統，找到一個歷史文化的根源，通過這個歷史文化的根源去對應時代，找到解決問題的方策，找到一個有效的治道，所以我們說他得其正，因為他還是關懷政治人生，只是他通過客觀精神來關懷，客觀精神就是學術上的、知識上的、制度上的，申韓跟荀子最大的不同何在？儘管荀子沒有生命可照，所以在價值天地中，荀子是失落的，但是荀子另外有一個可以支持人間價值的根源，那是什麼？是歷史文化的傳統，離開歷史文化的傳統，荀子就不見了。所以荀子有歷史文化傳統，做為他整個政治人生的支柱，就像擎天一柱來支持他的天地。

但是到了申、韓，沒有歷史文化的傳統了，他提出變古的主張，他認為傳統是傳統，現代是現代，我們為什麼要學習傳統，所以申、韓有如五四新文化運動，他是當代的陳獨秀、胡適之跟吳稚暉，他面對一個問題，為什麼中國不能適應時代，這是傳統的罪過，你還要因循傳統，代表我們沒有希望，所以我們唯一的可能性就是斬斷傳統才有現代，韓非「不期循古，不法常行」，他失去了歷史文化傳統的常道，沒有歷史文化傳統作為支持，整個韓非的心知作用，就落在現實利害的計算考量中，跟政治權力的鬥爭對抗中，當然韓非另有他的客觀性，就是法，今天我們專講心知這一邊。所以他失落了歷史文化傳統，整個心知落在現實利害的計量中，利害變成很重要的存在，治術變成唯一對政權的維繫，所以不得其正，申韓和荀子，在心知上都一樣是虛靜的，最大的不同，是荀子把虛靜用在制度的規劃、歷史文化的探索，這是荀子，所以得其正；韓非把心知的虛靜，作為一清冷的觀照，觀照天下臣民的居心怎麼樣，來作為統御群臣之道，這一點仍是老子的虛無，但已變成政治權力的運用，而不是走向歷史文化的探索跟時代制度的規劃，所以他不得其正，當然你也可以說，韓非講法勢，但法的本質仍是利害。

我們再解釋慎到、告子，魏晉名士這一邊。慎到、告子，我們在講〈逍遙遊〉講宋榮子時，已做分析（見本書〈莊子的形上思想及其生命理境〉一章），這裡只解釋，為什麼他們在生命這邊，而不得其正。本來道家的虛無是要照顯生命的真實的，所以虛無是一個作用，真實才是實有，「無」假定他有意義的話，是因為要「有」呀！假定我不為人間的美好真實，我的虛無有什麼作用呢？我的智慧有什麼作用？假定人的智慧、人的虛無，不照顯世界的真實與美好的話，這一切都是戲論，沒有意義。

我們在講儒家跟道家的時候，有很大的不同，儒家是通過體來講用，我真誠我就有感動別人的力量，跟人感通無隔，儒家是即體起用，儒家是從體來說用，仁心發用而為禮，所以克己復禮為仁，一克己就復禮，儒家講生命的真誠，仁就是禮，後來《中庸》把它講成是一個誠，所以真誠就有作用，有那個體，就有這個用，所以說誠則明，仁的體就有感通的作用，叫做即體起用，所以儒家最重要的工夫，先立一個體，先立乎其大者，則其小者不能奪也，都要先立乎其大，孔子最重要的就是仁。

很多人說孔子述而不作，這是不對的，孔子講「禮」誠然是述而不作，因為那個禮，是三代的禮，但孔子講仁，是開天闢地的大事，講中國哲學史，講孔子，專講禮，而不講仁的話，那等於是取消孔子，那孔子只是周公的繼承者而已，而孔子的仁是開天闢地，讓整個三代的文化，變成有價值、有意義的是孔子的仁，所以孔子是立體、立天道、立人極，他立人道，人道是通過天道來立的，所以孔子提出仁，是中國哲學史上，開天闢地的大事，千萬不要只把他講成：「久矣吾不復夢見周公！」好像只是一個歷經人間滄桑的老人，他不得了，就是他提出一個仁，沒有第二個家派可以取代，所以仁是一個體，有這個體，你就可以起用，可以感通無隔。問題在「體」可能因不真誠而不顯，所以《中庸》才講誠的工夫，事實上誠就是要仁的體顯現。所以有體就有用，這即體起用，人間的禮義就開發出來，情意世界、美感世界、道德世界就通過這個體而感通。

老子反過來，當人間的體不立的時候，他通過用來顯體，所以儒家是通過體來起用，老子是即用顯體，所以那個無本來是用哦！無可以照顯生命的真實，才叫體，這是通過儒家的標準。儒家是有體才能起用，有真實的生命，才有感通無隔的世界，所以有體就有用，所以立體，但在體不立的時候呢？老子的反省是通過用來喚醒我們的體，通過什麼用？以虛無的作用來照顯生命的實有，所以那個無，本來是作用哦！魏晉名士最大的問題是，誤把本來是作用的虛無，當作生命的實有，莊子沒有把虛無當作生命哦！他只是把虛無的智慧，消化到生命的流行中，所以莊子的根柢是實有，而魏晉名士的底子卻是虛無，所以魏晉是虛無主義，他對生命實在沒有什麼肯定，只顯虛無的浪漫姿采，但是那些姿采都沒有什麼掛搭，跟歷史文化掛搭不上，跟時代使命掛搭不上，是飄遊在天地中，沒有著落的一個漂泊的生命，無所掛搭，所以是沒有根的，就因為他把老子心知的虛無，當作生命來開發、來欣賞，所以魏晉名士不得其正，就是他的生命是虛無的。

但人家老子的虛無，是要來照顯實有，但魏晉名士誤把虛無當實有，無所照只能停留在虛無的本身，浪漫情調的欣賞，而不能把這些虛無浪漫去穿透時代的迷霧、人間的瓜葛，而在生命中作一圓滿的落實，魏晉名士不能，這是很可惜的。我們知道，魏晉講玄理，還是很深刻的，因為他對老子的無，實在是有太深的體會，但是他忽略掉，老子的心知永遠還照生命的，結果他只是停留在心知的虛無，而忘掉返樸歸真，落實到生命的實有，所以魏晉是在生命的這一邊，但他的生命就是顯現這個虛無，停留在這個虛無，歷史文化、時代使命完全無所掛搭，此所以魏晉名士不得老莊之正，講老子的是貴無論，講莊子的是崇有論，貴無論重心知的照明，崇有論重生命的真實，名士末流不免以心知為生命，成為虛無主義的浪漫情調了。總說一句，老子以無照有，莊子以無入有，名士以無為有，此為三者最大的分別。

3

老子的天道思想及其人生智慧

〈前言〉

道家的創始者，是老子，年代在孔墨之後，孟莊之前。數千年來，他身世如謎，充滿了神祕的色彩。其人不可知，其書卻流傳千古。

老子的思想，出現在《論語》之後。有儒家正面說的義理在先，才有道家正言若反的負面反省於後。孔子說志於道，老子則謂常道不道，孔子說據於德，老子則謂上德不德，孔子說依於仁，老子則謂聖人不仁，孔子說游於藝，老子則謂大制不割。

道家的「不」，不是否定，而是超越，說「絕仁棄義」、「絕聖棄智」，絕棄不在實有層反對，而在作用層化解，絕棄放開，虛無空靈，反而可以作用的保存仁義聖智的實有。

天地生萬物，聖人生百姓，天地無心，才能自然的生萬物，聖人無心，才能自然的生百姓。自然的生，天長地久，人為的生，不免造作，違反自然，反而快速衰亡。自然的生，無心無為，無為卻無不為；人為的生，有心有為，結果是「物壯則老」、「不道早已」了。

道法自然

《史記・老子韓非列傳》的記載：

老子者，楚苦縣厲鄉曲仁里人也，姓李氏，名耳，字聃，周守藏室之史也。

不過，此非定論，除了李耳老聃之外，另有老萊子與太史儋二說。倘若，連老子是三者之中的哪一個，都不能確定，竟可以說出老子的鄉里，幾近不可思議。依我的觀點，苦縣厲鄉曲仁里人的認定，隱寓批判老學之意。此中有一可能，是後人站在儒家的立場，來責難老子，因為老子的思想，對儒家義理多所評斷，如「絕聖棄智」、「絕仁棄義」（〈十九章〉）之類，孔子「里仁為美」《論語・里仁篇》，老子想當然是曲仁里人了。

老子楚人，當時，道家人物集中在南方，與北方的儒墨，適成學術思想的南北分異，一如《詩經》、《楚辭》的不同風格（註1）。從《論語》記載的隱者，孟子評論的楊朱，到老子、莊子，都是當時南方思想的代表人物。

隱者有感於「滔滔者，天下皆是也，而誰以易之?」所以要做一個「辟世之士」（《論語．微子篇》），「楊子取為我，拔一毛而利天下，不為也」（《孟子．盡心上》），在天下與自我之間，楊朱擇取的人生道路是回歸自我，退出天下，到了老子，他問了一個問題，為什麼是好人退出世間，而不是壞人退出?所以，老子主張「道法自然」（〈二十五章〉），全天下皆自然，隱者不必避世，楊朱也無須「取為我」了。《史記》又云：

> 老子修道德，其學以自隱無名為務，……著書上、下篇，言道德之意五千餘言而去。（〈老子韓非列傳〉）

說老子是隱君子，出關而去，不知所終，又經由孔子的讚歎，說老子「其猶龍邪!」他自隱無名，有如神龍見首不見尾，所以身世如謎。不過，他言道德之意，著書五千餘言，卻千古流傳。

老子其人不可知，不過，從其書的思想，我們可以斷定成書年代，在孔墨之後，莊子之前。我們就站在這樣的觀點，來說老子的道家思想。

哲學是宇宙人生的究極學問，問到最後的天道。《易傳》云：

形而上者謂之道，形而下者謂之器。（〈繫辭上〉）

道是道路，聖賢哲人是開路者，為天下人開拓可以活出一生價值的道路。所以，孔子說：「士志於道。」（《論語・里仁篇》）又說：「君子不器。」（《論語・為政篇》）因為，道是形而上的路，器是形而下的路，下學成器總是要上達求道，才是人生的正道。

不過，孔子說道德，老子也「言道德之意」。儒家的道，是人文之道，是通過仁心德行而開發出來的，人文化成自然，孔子云：「質勝文則野，文勝質則史，文質彬彬，然後君子。」（《論語・雍也篇》）又云：「興於詩，立於禮，成於樂。」（《論語・泰伯篇》）詩書禮樂的教化，可以養成彬彬之美，與君子之善。依「志於道，據於德，依於仁，游於藝」（《論語・述而篇》）的義理，由仁心感通發為詩書禮樂的游藝活動，就是人文之道。

此外，道家的道，不走人文化成自然的路，而是取消人為回歸自然的路。此之謂「自然之道」。人文之道開出人文社會，自然之道開出了自然鄉土。道是形而上，學是形而下，孔子說：「不學詩，無以言；不學禮，無以立。」（《論語・季氏篇》）老子卻說：「為學日益，為道日損。」（〈四十八章〉）又說：「道法自然。」（〈二十五章〉）再云：「樸散則為器。」（〈二十八章〉）為學求學，每天求其增益，為道求道，卻每天求其減損，減損人為，而回歸自然，樸不散，器不成，此之謂「復歸於樸」（〈二十七章〉）。

道家的自然，不是自然界，而是自然的境界。自然界是現象的自然，事實的自然，自然境界是形上的自然，價值的自然，自然一者相對於人文而言，二者相對於他然而言，依老子的觀點，儒家的人文是為學日益，是人我牽連的他然，道家的自然是為道日損，才真正能做到「自己如此」的人生境界。

道家追尋的是境界的自然，而不是物象的自然。境界是心境所開，經由心的修養而展現的境界。所以，老子的回歸自然，不是退回原始的野蠻，不是文明的倒退，不是退化史觀，而是人文的轉化提升，尋求更高層次的人文，是超人文的自然境界。

為學成器，是形而下的知識之路，為道志道，才是形而上的德行之路，儒、道兩家，都在為學成器的人生現實中，試圖開發出為道志道的人生理想，其間只是人文之道與自然之道的不同而已！

可道、可名與常道、常名

人生的道路，離不開人間的名分。所以，《論語》有兩段記載：

子路曰：「衛君待子而為政，子將奚先？」子曰：「必也正名乎！」（〈子路篇〉）

齊景公問政於孔子。孔子對曰：「君君，臣臣；父父，子子。」（〈顏淵篇〉）

人活在家與國之間，國是君臣，家是父子，國之道在君君臣臣，家之道在父父子子。所以，人生的道路就在名分間展開，正道首在正名，上一君字是名，下一君字是分，名規定分，人有是名就要盡其名分，職之所在即是責之所在，身居是職就得盡其職責，「名位不同，禮亦異數」（註2），禮制名位，正所以開出人文之道。

道家的自然之道，對儒家「志於道」的人文之道，有根本的反省，《道德經》開宗明義即云：

道可道，非常道；名可名，非常名。（〈一章〉）

一方面道與名並舉，二方面可道可名與常道常名對顯。前者意謂人生的道路離不開人間的名分，道路在名分，正名盡分，就天下有道了；後者意謂人文認可的道跟名，已不是自然常在的道跟名了。

孟子說：「可欲之謂善。」（〈盡心下〉）欲而說可，是良心的認可，本來是中性的欲求，也可以有價值的意義，本來是實然的活動，也可以有道德的規範。

站在道家的立場，良心的認可，代表有心的執著，有心有為，構成人為造作，就不再是無心無為的自然虛靜了。人心認可言說的道，人心認可引導的名，是相對的規定，因人因時因地而不同，所以它是變動的，且人為造作是人做出來的，所以可能是虛假的。人心不執著名，不造作道，道回歸自然無為，沒有人規定，也沒有人對抗，反而是恆常的、真實的。**虛假的一定短暫，真實的才長久，一如都市文明的時髦新潮，總會流行過去，而田園鄉土的春耕、夏耘、秋收、冬藏，卻是千古不易的。**

可道、可名的「可」，從何而來，老子云：

天下皆知美之為美，斯惡已；皆知善之為善，斯不善已。（〈二章〉）

不尚賢，使民不爭；不貴難得之貨，使民不為盜；不見可欲，使民心不亂。

（〈三章〉）

從天生的自然而言，萬物本來未有美不美，善不善的分別，然人生有心，心有認知的作用，會認知執著美跟善的標準，產生美醜、善惡的判斷，且引發美跟善的追求。所以，知善知美，是人間的名，尙賢貴貨，就是人生的道，來自於人心的認可執著，由人為造作而開出，是為可道可名。

賢是名，難得之貨是利，賢德貨財就是美善，心知執著賢名貨利，所以，君上崇尙名，尊貴利，把百姓導向競逐名利的行列，形成爭名盜利的熱潮。尙賢貴貨的誤導，在人民的心中形成可欲，尙貴是心的認可，而與欲求結合，民心充滿了名利的想望，因而紛擾大亂。

對治之道，端在「行不言之教，處無為之事」（〈二章〉）人主領導天下行教處事，不言在取消人心的知善知美，無為在消除君上的尙賢貴貨，如是，可道可名的「可」化解了，欲求歸於自然，人生的道就可以回到常道，人間的名就可以回到常名了。

可道可名，由人心的知善知美而來，知善知美由君上的尙賢貴貨而來，人心認可，而與欲求結合，形成可欲，不僅民心大亂，且由可欲而發為欲得，心知執取認可，會鼓動意志，志在必得，人生的困苦就此而來。此所以老子云：

心使氣曰強。（〈五十五章〉）

強行者有志。（〈三十三章〉）

罪莫大於可欲，禍莫大於不知足，咎莫大於欲得。（〈四十六章〉）

虛其心，實其腹；弱其志，強其骨。（〈三章〉）

心使氣，就是心知介入欲求，形成可欲，可欲而不一定得，就由不知足而有志強行。人生的罪過災難，就在由可欲而帶出欲得，可欲是心知，欲得是意志，所以，要虛掉心知的執取，削弱意志的堅持，人生就可以回到自然的真實與堅強。因為心知是人為虛假，而意志造作妄求，虛妄總靠不住，所以，心志造作反而是生命的軟弱，會在人間承受挫折，腹骨自然反而是生命的堅強，永不會被人間打垮。

虛心弱志，是從可道可名的人為造作中超拔出來；實腹強骨，就可以回到常道常名的自然常在了。

常道、常名的「常」，意涵為何？老子云：

歸根曰靜，是謂復命，復命曰常，知常曰明。（〈十六章〉）

道常無名樸。（〈三十二章〉）

道常無為而無不為。（〈三十七章〉）

知和曰常，知常曰明。（〈五十五章〉）

道之常，在無名之樸，常道是無名，無名就是常名。每一生命回到生命的本根，就是常名常道，且無名就無為，無掉人為造作，生命真實而堅強，且有一體的和諧，這就是無不為的常道自然了。常在復命，常在無名，常在無為，常在知和，問題在，如何知常？老子的回答是「明」，那就要由虛其心，弱其志的虛靜明照而來。

上德不德是以有德

孔子云：

志於道，據於德，依於仁，游於藝。（《論語・述而篇》）

《道德經・上經》第一句話，反省儒家的道，是可道，而不是常道，〈下經〉第一句話，亦反省儒家的德，是下德，而不是上德，老子云：

上德不德，是以有德；下德不失德，是以無德。（〈三十八章〉）

此中有兩層涵義：第一層是德分上下，有德為上，無德為下。此為「是什麼」的問題，有德是上德，無德是下德，與儒家的說法無異。

第二層是不德有德，不失德無德，此為「如何」的問題。「是什麼」是實有層的問題，「如何」是作用層的問題。實有層是有沒有的問題，作用層是如何可能的問題。

不德有德，不失德無德，是以「作用層」的如何，來解析「實有層」的有沒有。不德才可能有德，不失德反而不可能有德，不德是心中不以德為德，化解對德的認可執著，德行不會固著僵化，才有生機活力，此是以「作用層」的不德，來保存「實有層」的有德。反之，心中執著道德條目，死守模套，沒有自然感應，反而無德。

儒家「道之以德」（《論語・為政篇》），把天下人導向德行的道路，人生的道路規定在德行，此一認可規定，就是可道可名。道家的上德不德，是不做規定，讓人生的道路，從德行的認可中解放出來。不接受世俗流行的德，才有自家真實的德，不落在權威教條的德，才存全自然生動的德，不以為自己有德的人，才是真正有德的人。生命從德目規條中解放出來，回到生命本身，讓每一個人活在他自己的生命真實中，人人有自己，人人有德，就是常道常名了。

孔子說天，而「天生德於予」（《論語‧述而篇》），天內在於人是為仁；老子說道，「道生之，德畜之」（〈五十一章〉）道內在於萬物是為德，所以說：「萬物莫不尊道而貴德。」（〈五十一章〉）道德一體尊貴，人人內在本足，關鍵在，「如何」有德，老子的解答是「不德」的作用。

不德有德，最典型的代表是赤子嬰兒。云：

> 常德不離，復歸於嬰兒。（〈二十八章〉）
>
> 含德之厚，比於赤子。（〈五十五章〉）

赤子嬰兒含德最厚，因為他從來沒有離開天生而有的德，從未失去自然的天真，嬰兒不知什麼是德，沒有執著，也沒有失落。大人走離了自家本足的德，才說復歸，何以會走離失落？知善知美，尚賢貴貨，捲進了名利奔競的浪潮，天真一去不復返，本德亦失落不見。故曰：

樸散則為器：（〈二十八章〉）

失道而後德。（〈三十八章〉）

道隱無名。（〈四十一章〉）

道常無名樸。（〈三十二章〉）

道之常，把自己隱藏在無名素樸中。不過，人生有兩大問題，一在「化而欲作」（〈三十七章〉），二在「始制有名」（〈三十二章〉），有名是可名，欲作是可欲，人心執著名器，脫離無名素樸的道，德落在器中，天真本德就此散開失落。不僅「失道而後德」，且「失德而後仁，失仁而後義，失義而後禮」（〈三十八章〉）。

道既超越又內在，超越於萬物之上說是道，內在於萬物之中說是德，「道生之，德畜之」（〈五十一章〉），道生萬物，德養萬物，道的生萬物，是通過德的內在來養萬物，所以，「失道而後德」，可以解為由超越而內在，是存有論的語句，「失德而後仁，失仁而後義，失義而後禮」，則是價值論的語句，仁義禮是德的往外流落而有的產物，故曰：

大道廢，有仁義；智慧出，有大偽。（〈十八章〉）

禮者，忠信之薄而亂之首也。（〈三十八章〉）

德是內是實，仁義禮是外是華，德深厚而禮淺薄。故曰：

大丈夫處其厚，不居其薄，處其實，不居其華。（〈三十八章〉）

如何避開華而不實的人為造作，而回歸常德不離、含德之厚的自然天真呢？扭轉之道在：從「化而欲作」來說，是「吾將鎮之以無名之樸」（〈三十七章〉）；從「始制有名」而言，是「名亦既有，夫亦將知止，知止可以不殆」（〈三十二章〉）。此謂知止，當止於何處？綜觀二者，該當止於「無名之樸」，而無名之樸就是道之常。因為欲本自然，「欲作」是人為造作，「作」起於心知的介入，與名號的制定，無名就可以欲不作而歸於樸，此之謂「不欲以靜，天下將自定」（〈三十七章〉）。

且德行問題會關涉到福報問題，依社會的正義而言，有德者當該有福，然有德者不一定有福，死生窮達是命，「求之有道，得之有命」（《孟子・盡心上》），不可強求，由是，產生好人沒有好報的遺憾！不僅遺憾，且會動搖了當該做好人的價值自覺。而不做好人，等於不做自己，等於取消自己。依道家的思考，問題的關鍵在，好人自以為有德，故解決之道，就在不德！

人生最大的德是「生」跟「長」，生了他又帶著他長大。所以，生而有，為而恃，長而宰，幾乎是普徧的願望，生、為、長是德行，有、恃、宰是福報，有德者有福，我生了他了，所以他為我所有；我為他做了一切，所以我可以恃為己恩；我帶他長大，所以我可以主宰他。老子發現這種心態，會有相反的結果出來，生而有，生了他卻認定他歸我所有，等於沒有生他；為而恃，為他做了一切卻恃為己恩，等於沒有為他做什麼；長而宰，帶他長大卻由我主宰，等於他沒有長大。所以，老子說：

生而不有，為而不恃，長而不宰，是謂玄德。（〈十章〉）

不有、不恃、不宰，就是不德，而生、為、長，就是有德。不德才有德，不以「生」他為德，就不求有他的福報，他不為你所有，你才完成給他的生；不以「為」他做了一切為德，就不求恃為己恩的福報，他不虧欠你，你才存全為他所做的一切；不以「長」他為德，就不求主宰他的福報，他不被你主宰，你才實現了他的長成。

換言之，不以為生他才生他，不以為為他才為他，不以為長他才長他。再簡括而言，以不生生他，以不為為他，以不長長他，此中所「為」的就是「生」與「長」，而

「長」就是「做主」，故總說老子的實現原理，就是不生之生，不主之主。

生、為、長是實有層的有德，不有、不恃、不宰是作用層的不德，道家的思想特質，就在以作用層的不德，來保存實有層的有德。不德才有德，而有德就是上德；不失德反而無德，而無德就是下德。所以，德分上下，有為上，無為下，問題在，如何有？答案是，不德才有。

天地不仁聖人不仁

儒家的「志於道，據於德」，根源在「依於仁」，老子常道不道，上德不德分別批判儒家有心的志於道，有為的據於德，還得往「依於仁」的根源處，來做一根本的反省。云：

> 天地不仁，以萬物為芻狗；聖人不仁，以百姓為芻狗。（〈五章〉）

老子此言，後人誤解殊甚，竟解為天地冷酷，利用萬物又棄絕萬物；聖人冷酷，利用百姓又棄絕百姓。實則，另章云：

聖人無常心，以百姓心為心。（〈四十九章〉）

前後兩段話，對照比觀，聖人無常心就是聖人不仁，以百姓心為心，就是以百姓為芻狗。如此，以經解經，才得正解，否則，會引生大誤解，老子思想頓失它的本來面貌。

芻狗是用草做成的狗，加上文飾巾繡，用以祭祀，事後不免被拋開。不過，依老子的說法，此為「功遂身退，天之道」（〈九章〉），芻狗從草中來，又回到草中去，有如徵召入伍的士兵，戰事結束，就解甲歸田了，怎麼會有被拋棄的感覺呢？

故這一段話，最恰當的理解是，天地生萬物是無心的，放開萬物讓萬物自生自長，聖人生百姓是無心的，放開百姓讓百姓自在自得。

中國哲學天地所以為天地，就在它生萬物，聖人所以為聖人，就在他生百姓。問題是，如何生？儒家站在「實理」的立場，說天地有仁心，聖人有仁心，所以，才有生的動力與方向；道家站在「虛用」的角度，說天地不主宰萬物，萬物才有自己生的餘地，聖人不主宰百姓，百姓才有自己生的空間。

不仁無心，愛沒有執著，也沒有負累，不會扭曲了別人，也不會累壞了自己，沒有人犧牲，也沒有人虧欠，這樣的愛才能天長地久。

此中不仁，與孔子所謂：「道二、仁與不仁而已！」（《孟子‧離婁上》）義理不同，**孔子的不仁，是仁心不發用，老子的不仁，是仁心不執著**。前者是「實有層」的不仁，後者是「作用層」的不仁，**實有層的不仁是道德的墮落，作用層的不仁是智慧的空靈**。

天地不仁，正是天地所以長久的根源所在，老子云：

> 天地之所以能長且久者，以其不自生，故能長生。（〈七章〉）

天地生萬物，貴在能長久生下去，設若天不長地不久，不能長久生下去，萬物就失去依靠保障了。問題在，如何可能？這是道家作用層的思考模式，老子的解答是天地不自生。

不自生是不把生定限在自己，不以自己的生為生，而是以萬物的生為生，萬物生了，才能說天地生，百姓生了，才能說聖人生；萬物長生，才是天地的長生，百姓長生，才是聖人的長生。所以，又說：

> 聖人後其身而身先，外其身而身存。（〈七章〉）

後其身反身先，外其身反身存，此幾近不可思議，排隊位居最後，卻第一個上車，當然是事實的不可能，故這一義理，不能在實有層論說，而當在作用層思考。

聖人把自己放在最後面、最外頭，就等於把百姓放在最前面、最裡頭，如是，百姓先百姓存，不就等於聖人先聖人存了嗎？因為，聖人之所以為聖人，就在他能成全百姓。天下絕對沒有不成全百姓的聖人，不生成萬物的天地。

而成全之道，就在不仁無心，就在不自生，以百姓先為先，百姓存為存。以萬物先為先，萬物存為存，如此就是聖人的身先身存，天地的長生了。天地長久生萬物，聖人長久生百姓，且萬物的生，是自生自長，百姓的生，是自在自得。

不仁是無心，無掉仁義禮智的心。此老子云：

> 絕聖棄智，民利百倍；絕仁棄義，民復孝慈；絕巧棄利，盜賊無有。（〈十九章〉）

儒家的仁心，包括仁義禮智四端，而聖人制禮作樂，故仁義禮智，可說成仁義聖智。仁義有心，聖智有為，仁義內聖，聖智外王，道家站在無心自然的價值觀點，以有心有為為人為造作，所以主張絕聖棄智，絕仁棄義，且仁義聖智既屬人為造作，已與巧利爭盜不可分了。

絕棄是作用層的化解，民復孝慈，民利百倍則是實有層的保存，絕棄了仁義，才真能保存仁義、絕棄了聖智，才真能保存了聖智。所以王弼云：

> 絶聖而後聖功全；棄仁而後仁德厚。（《微旨例略》）

老子以不仁無心，來成全百姓心，莊子言大仁不仁（〈齊物論〉），此與上德不德，常道不道整合觀之，不仁所以不德，不德所以不道，與儒家仁心開德行，德行開道路，正是同一理路。只是儒家從實理講，有仁心才有德行，有德行才有道路；道家則從虛用講，不仁才不德，不德才不道。不過，道家的智慧在「作用的保存」，不仁保存大仁，不德保存上德，不道保存常道，「不」的作用，不是本質的否定，而是境界的提升，使仁更大，使德更上，使道更常，實則，不僅是「更」而已，大仁上德常道，已是跟天道一樣的大，一樣的上，一樣的常了。

聖人無常心，以百姓心為心

儒學的外王事業，所謂的人文化成，落在「游於藝」去展開，然對老子而言，「禮者忠信之薄而亂之首也」（〈三十八章〉），由於「上禮為之而莫之應，則攘臂而扔之」（〈三十八章〉），人為造作過甚，引不起生命的內在感應，而訴諸制度規範，反而造成人際關係的緊張破裂，故云：

> 樸散則為器，聖人用之則為官長，故大制不割。（〈二十八章〉）

禮制名器，有分別就難免割裂，聖人「復歸於樸」（〈二十八章〉）「鎮之以無名之樸」（〈三十七章〉），才能化解「制」一定「割」的負作用，而成其「不割」的大。因為「大」，聖人才能是百官之長。實則，儒家的禮，由仁義而來，故仁義之治，亦在批判之列：

> 失道而後德，失德而後仁，失仁而後義，失義而後禮。（〈三十八章〉）

大道廢，有仁義，智慧出，有大偽。（〈十八章〉）

太上，下知有之；其次親之譽之，其次畏之，其次侮之。（〈十七章〉）

道家的形上思想，超越的道，相當於儒家的天；內在的德，相當於儒家的仁，所以，天與道同一層次，仁與德同一層次，不過，依老子的系統，道德自然無心，而天仁卻是天理仁心，仁是有心，義是有知，禮是有為，離道德的自然樸質，越來越遠，故價值上亦越來越低落。

既然仁義禮智是有心有知有為，甚至有大偽，故老子的政治思想，當然要走向絕聖棄智，絕仁棄義之路，云：

絕聖棄智，民利百倍；絕仁棄義，民復孝慈；絕巧棄利，盜賊無有。（〈十九章〉）

政治是治理百姓之事，太上之治，是君上無為，下民僅知有政府存在而已，其次是君上德政愛民，下民覺得政府可親，且讚譽歌頌，此已是第二等的治道了。君上絕棄仁義有心與聖智有為，就可以歸於無心無為的太上之治，如是，大道不廢，本德不失，沒有親譽，也沒有畏侮，無須標榜仁義，智慧巧偽亦無所用其技了。聖人絕棄了仁義禮智，沒有了自己的堅持固著，百姓的心就此浮現上來。云：

聖人無常心，以百姓心為心。〈四十九章〉

所謂常心，不是恆常、真常的心，而是擇善固執的心，且所擇之善，是相對主觀，很可能流為成見偏見。儒家的仁義禮智的本心，本是人性的高貴，聖人無常心，就是聖人不以為天下高貴盡在我心，所以聖人首先要忘掉自己的高貴，才能把高貴留給百姓，聖人虛掉自己有執的心，而去觀照天下人的心。故云：

致虛極，守靜篤，萬物並作，吾以觀復。〈十六章〉

致虛至極，守靜至篤，這是心的自致自守，心虛而後平靜，平靜而後如鏡，鏡子就可以有觀照的清明。聖人無心無為，不尚不貴，百姓無心知無可欲，就不會人為造作，在相互牽引中流落，而可以歸根復命。

萬物並作的「作」，本是生起變化的意思，不過，在老子的思想系統中，不論是「化而欲作」，還是「萬物並作」，都是人為造作，由於心知的介入，所帶來的紛擾而言。另章云：

正復為奇，善復為妖，人之迷其日固久。（〈五十八章〉）

仁義本來是善德，聖智本來是正道，然有心就有標準，有為就有責求，逼得天下人由可欲而欲得，在規定下承受壓力，只好委屈自己，去迎合適應，或者偽裝巧飾，討好他人，真的轉為假的，正道而以奇變應之，善德頓成惡行，人間美善，在並作中扭曲變質。倘若，聖人有「孰知其極，其無正」（〈五十八章〉）的覺悟，就可以破除「人之迷其日固久」的終局，無正亦無奇，無善亦無妖，而可以「百姓皆謂我自然」了（〈十七章〉）。

聖人虛靜觀照，天下百姓在並作中回歸他自己。在田園鄉土中，過他自己的生活。故云：

善者吾善之，不善者吾亦善之，德善；信者吾信之，不信者吾亦信之，德信。（〈四十九章〉）

聖人常善救人，故無棄人；常善救物，故無棄物：是謂襲明。(〈二十八章〉)

善與信，都是德行，孟子「可欲之謂善，有諸己之謂信」(〈盡心下〉)，儒家善德來自本性良心，而道家觀點，善信不過是心知執著的人為造作，不是普徧的客觀真理，善與不善，信與不信的區分判定，會給天下人帶來困擾與壓迫。

聖人無常心，無自己善與信的價值標準，天下人民可以回歸他自己的善與信，人人自然，人人皆善皆信，這是常德不離的本德之善，本德之信。本德是人人本有，故聖人破除人為二分的善與不善，信與不信，而皆善之，皆信之。

聖人救人，就是以天下人的本德常善救他，本德與常善、常德皆屬同義詞，本有之德與常具之善，是人人本具的天生自然，以人人本具的善德來救天下人，救天下萬物，才能做到無棄人無棄物的最高理想。

聖人生百姓，聖人救百姓。如何生？以其不自生；如何救？以天下人的自己救天下人。實則，生是不生之生，救是不救之救。聖人不自生，聖人無常心，聖人不害人(〈六十章〉)，又何須救人？故老子云：

道者，萬物之奧，善人之寶，不善人之所保。(〈六十二章〉)

天道自然，沒有分別心，善人在道的世界裡可以展現他真實的生命，不善人在道的庇護下也可以得到不受傷害的保全。天道就是萬物的奧藏，道深奧無限，所以藏得住天下萬物，聖人沒有自己的心，也深奧無限，所以藏得住天下百姓的心。

道常無為而無不為

道家思想，從常道不道，上德不德，大仁不仁，以及大制不割的整體而言，正是以不道、不德、不仁、不割的化解作用，來保存常道、上德、大仁、大制的價值實有。再從「生而不有，為而不恃，長而不宰」的玄德而言，也是以不有、不恃、不宰的化解作用，來保存生、為、長的價值實有，此之謂作用的保存。

所謂「正言若反」（〈七十八章〉），就是正面的道理從反面說，而走向辯證的超越。譬如制度是標準規範，此為其正面，然制度的衡量判別，會造成割裂，此為其反面，而反面會否定了正面。所以，我們要克服自己的反面，才真正能保存正面，且有更上一層的超越提升，此為合。合是高一層次的正面，「不」的化解作用，「反」的自我克服，都有保存且超越的妙用，這就是道家獨顯勝場的智慧。

不道、不德、不仁、不割，與不有、不恃、不宰的化解作用，就是無為；而常道、上德、大仁、大制，與生、為、長的實有保存，就是無不為。老子的道，就在「道常無為而無不為」。

再進一層來看，無為是無，無不為是有，無為而無不為，就是無的本身就可以實現有，完成有。換個說法，是有生於無，無不為的有，生於無為的無。此老子云：

三十輻共一轂，當其無，有車之用；埏埴以為器，當其無，有器之用；鑿戶牖以為室，當其無，有室之用。故有之以為利，無之以為用。（〈十一章〉）

有車之用，有器之用，有室之用，都是有；而有之可以利用，都是中空的無，所生發出來的妙用。翻上一層，從形上思考而言，有之所以存在，是當體的無所實現而有的，無沒有做什麼，卻似乎什麼都做都有了。故曰：

天下萬物生於有，有生於無。（〈四十章〉）

無，名天地之始；有，名萬物之母。（〈一章〉）

天下有始，以為天下母。（〈五十二章〉）

有物混成，先天地生。寂兮寥兮，獨立不改，周行而不殆，可以為天下母。吾不知其名，字之曰道，強為之名曰大。（〈二十五章〉）

天下萬物生於天道的有，而天道的有生於天道的無。有、無都是天道，不過，在老子的體會中，無比有更先在、更根本。

天下萬物，生於生、為、長的有；而生、為、長的有，生於不有、不恃、不宰的無。生而不有，為而不恃，長而不宰，所以謂之玄德，就是因為它既是無，又是有。

老子曰：

此兩者，同出而異名，同謂之玄。玄之又玄，眾妙之門。（〈一章〉）

天道是根源之始，又是生成之母，天道是超越的無，又是內在的有；天道是獨立而不改，又是周行而不殆，這是天道的雙重性。天道何以能生成萬物，依老子的形上體會，一者天道不能是萬物，否則，萬物的弱點它都有，如何能生萬物，二者天道不能離開萬物，否則，如何能隨時支持萬物的存在？從天道的不能是萬物來說，它是無，從天道的不能離開萬物來說，它是有。無是無萬物的有限性，有是有與萬物同在。

獨立而不改是無，周行而不殆是有，前者是說道是它自己存在的理由，它自己立且永不變質，後者是說道偏在萬物且永不停息。何以能夠不改，因為它獨立，不被拉引不被牽動。何以能夠不殆，因為它不改，何以能夠周行，因為它獨立。獨立的人，可以周行，因為他不會變成不是自己。不改的人，可以不殆，因為他永遠是他自己，他就不會疲累，不會厭倦，永不變質才能永不停息。

天道在獨立中周行，在不改中不殆，然周行而不殆的有，來自獨立而不改的無，所以，有無都是道，然有生於無。老子云：

功成而弗居，夫唯弗居，是以不去。（〈二章〉）

功成是有，弗居是無，依時間先後來看，是功成在先而弗居在後，是先有功成的實有事功，再有弗居的化解作用，此為人生的修養。老子的形上思考，在此有一翻越的轉換，因為人間太多成功的人，由於老是居功，生而有、為而恃、長而宰，結果功敗垂成，引起反感，甚至反抗，此其後果是，原來的功成也保不住了。老子的形上智慧是，不居功才功成，弗居才是功成的實現原理，弗居的無，比功成的有，弗居的作用，比功成的實有，更根本、更先在。故把本來是「用」的弗居，推上「體」的地位，道家就「以用為體」，「無」實現了「有」，而有生於無。

儒家的實現原理，是道德的創造，道家的實現原理，是虛靜的觀照。「生」可以有兩種不同的形式，一是道德創造的生，二是虛靜觀照的生，創造的生，是實理的生，觀照的生，是虛用的生，實理的生從德性心的有來，虛用的生從虛靜心的無來。儒家顯德性的有，道家顯智慧的無。

人無為，自然無不為，聖人無為，百姓無不為，天地無為，萬物無不為，取消人為的錯失，就可以回歸自然的美好，此之謂無為而無不為。

不過，有一觀念亟待澄清，老子的無為而無不為，是一體的，不可斷為兩截。無為的本身就是無不為，我不要名不要利，就不會患得患失，人生歲月就可以自在自得了。而不是我不想做官，官做得更大，我不想搶第一，反而永遠第一，這樣的誤解，會產生老子最有心機、最會算計的錯覺，甚至有人說老子以退為進，他什麼都不要，事實上什麼都要，無為而無不為，就此成了權謀思想與權術運用。

總括說來，老子思想要在人生的限定困苦中，為我們開發可以化解可以破除的生命智慧。人為總是短暫，自然才長久，人生總會毀壞，天道才是永恆。人生只有一條出路，取消人為，回歸自然，此之謂道法自然。

孔子說：「知者樂水，仁者樂山。」（《論語・雍也篇》）又云：「仁者安仁，知者利仁。」（《論語・里仁篇》儒家屹立如山，可以有道德的安立，道家靈動如水，可以**有智慧的靈動，水永遠環繞山，道家的空靈智慧，有助於實現儒家的道德理想。**

註釋

註1：學術思想的南北分異，《孟子》有謂：「南蠻鴃舌之人，非先王之道。」〈滕文公上〉又謂：「陳良，楚產也，悅周公仲尼之道，北學於中國。北方之學者，未能或之先也。」〈滕文公上〉，《中庸》有謂：「寬柔以教，不報無道，南方之強也，君子居之；衽金革，死而不厭，北方之強也，而強者居之。」（〈十章〉）

註2：《左傳》莊公十八年。《左傳會箋》第一冊，三卷五十一頁，再版，台北：廣文書局，民國五十二年九月。

4

莊子的形上思想及其生命理境

〈前言〉

老之有莊，猶孔之有孟，莊子在道家的地位，有如孟子在儒家的地位。

老子「道生之，德畜之」的道，到了莊子，道已內在化，故轉言天人、至人、神人、聖人、真人的虛靜觀照，此有如孔子「天生德於予」的天，到了孟子，天已內在化，故轉言良知、良能、善端、本心、性善的呈現自覺。

莊子反省人生的困苦有二：一在「吾生也有涯」的天生命限，二在「而知也無涯」的人為桎梏，消解之道，前者在逍遙無待之遊，後者在天籟齊物之論，統合言之，在自我的真實之外，尋求整體的和諧。

而其保證端在人自身的修養工夫，心齋的「無聽之以耳，而聽之以心」，坐忘的「離形」，就是消解「生有涯」的天生命限；心齋的「無聽之以心，而聽之以氣」，坐忘的「去知」，就是破除「知無涯」的人為桎梏。而心齋的「虛而待物」，與坐忘的「同於大通」，則已進至「天地與我並生，萬物與我為一」的境界。人生至此，已由自困自苦，轉化為自在自得了。

生也有涯，知也無涯

依《史記・老子韓非列傳》的記載：

莊子者，蒙人也，名周。周嘗為蒙漆園吏，與梁惠王、齊宣王同時。其學無所不闚；然其要本歸於老子之言。故其著書十餘萬言，大抵率寓言也。作〈漁父〉、〈盜跖〉、〈胠篋〉，以詆訿老子之徒，以明老子之術。畏累虛、亢桑子之屬，皆空語無事實，然善屬書離辭，指事類情，用剽剝儒墨，雖當世宿學，不能自解免也。

其言恍洋自恣以適己，故自王公大人不能器之。楚威王聞莊周賢，使使厚幣迎之，許以為相。莊周笑謂使者曰：「千金重利，卿相重位也，子獨不見郊祭之犧牛乎，養食之數歲，衣以文繡，以入太廟。當是之時，雖欲為孤豚，豈可得乎！子亟去，無污我，我寧游污瀆之中自快，無為有國者所羈，終身不仕，以快吾志焉！」

太史公此段生動的描述，給出了三方面的訊息：

一、莊子名周，宋之蒙人，嘗為漆園吏，年代上與梁惠王、齊宣王同時，好學深思，思想之大要根本源於老子。

二、莊子著書十餘萬言，大多以寓言形式寫出，主要篇章有〈漁父〉、〈盜跖〉、〈胠篋〉，思想的路數在批判儒墨之學，而究明老學治術。

三、莊子一生重在適己，王公大人挾重利重位而來，亦不能器用他，以名利權勢為汚，而以閒游草野為快，終身不仕，是典型的道家人物。

莊子年代既與齊宣王、梁惠王同時，當然也與孟子同時，老學有莊，孔學有孟，儒道兩家同時出現了絕世的天才思想家，氣勢磅礡，筆力萬鈞，可惜的是，孟莊竟錯過了一段歷史性的會面對話，堪稱遺憾千古！

最讓我們不解的是，何以莊子的代表作，竟會是被王船山評為低劣的篇章（註1），是司馬遷所看到的莊子版本，跟我們不同？是來自兩漢大一統王朝的時代關懷，或是司馬遷家學傳統的思想侷限？不管站在任何角度，〈逍遙遊〉、〈齊物論〉、〈養生主〉怎麼可能略過不提！

說莊學要本歸於老子之言，是沒有問題的。不過，說莊子「詆訿孔子之徒，以明老子之術」，則錯得離譜。此可能與司馬遷判定〈漁父〉、〈盜跖〉與〈胠篋〉為代表作有關。

我們懷疑司馬遷沒有讀過《莊子》內篇的作品，所以會有錯誤的判斷。莊子心齋（〈人間世〉）與坐忘（〈大宗師〉）的工夫修養，都經由孔子顏回師生的行誼對話，詮釋出來。此雖為寓言，不過，至少反應莊子看重孔子「樂以忘憂」（《論語・述而篇》）、顏回「不改其樂」（《論語・雍也篇》）的生命自在吧！

故《莊子》內、外、雜篇的代表性問題，有待釐清。今本《莊子》三十三篇為郭象所編定，而內、外、雜篇也是郭象所分判。故司馬遷所讀到的本子，與我們不同，理論上是可能的。內篇是莊學之內，外篇是莊學之外，雜篇是莊學之雜，判定是外是雜，顯然已具價值分判的意義。莊學之內才能代表莊子，莊學之外、之雜就不能代表莊子的思想。再說，莊學之內，意謂道在生命之內，莊學之外，意謂道在生命之外，莊學之雜，意謂道亦在生命之內，體會真切卻雜陳偶現，不如內篇義理精純而全篇通貫。

太史公所舉三篇，〈胠篋〉是外篇，〈漁父〉、〈盜跖〉是雜篇，且被判定在無可觀的四篇之中，由是而說莊子「詆訿孔子之徒，以明老子之術」，也就不足怪了。

從先秦到兩漢，哲學思考由根源問題，轉為完成問題。根源問題，重心在道，完成問題，用心在術。所以，道家是黃老治術，儒家是獨尊儒術。司馬談〈論六家要旨〉

云：

其術以虛無為本，以因循為用。……虛者，道之常也，因者君之綱也。

班固《漢書・藝文志》云：

道家者流，蓋出於史官，歷記成敗存亡禍福古今之道，然後知秉要執本，清虛以自守，卑弱以自持，此君人南面之術也。

足見，司馬遷對道家的理解，既承自家學的淵源，又雜有時代的色彩，老子的虛弱，已轉為君人南面之術。

實則，老子思想的流傳，可分「心知」與「生命」兩路，如圖示於後：

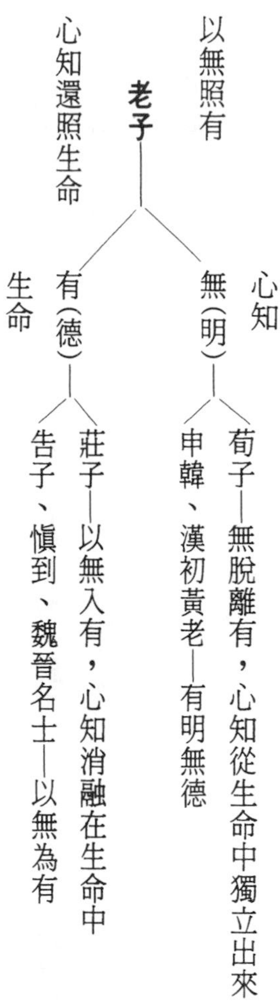

心知
無（明）—— 荀子——無脫離有，心知從生命中獨立出來
　　　　　—— 申韓、漢初黃老——有明無德
以無照有
老子
心知還照生命
有（德）—— 莊子——以無入有，心知消融在生命中
　　　　　—— 告子、愼到、魏晉名士——以無為有
生命

「心知」的那一條路，荀子虛靜知道，得其正，申韓黃老，才是「以明老子之術」；莊子則心知的無，已消融在「生命」之有中，故不顯政治的智慧，只顯生命的清明。故「生命」的這一條路，莊子「才全而德不形」〈德充符〉，得其正，魏晉名士反名教，才是「詆譭孔子之徒」。

老子的道，猶突顯其形而上的高絕玄妙，到了莊子，道不顯自己，而化入人的生命流行中，故多言天人、至人、神人、聖人及真人的修養境界。

道落在人的生命流行中，最大的問題就在：

吾生也有涯，而知也無涯，以有涯隨無涯，殆已；已而為知者，殆而已矣。（〈養生主〉）

老子「道法自然」，是在人文之道外，另開自然之道，試圖將人生從他然導向自然，從人文化成中回歸自然樸質；莊子「唯道集虛」（〈人間世〉），是發現生有涯而知無涯的困苦。

化解生有涯之道，在逍遙無待之遊，消除知無涯之道，在天籟齊物之論。如是，生轉無限，知轉有限，此一可能就在心齋坐忘的工夫修養，離形則生可無涯，去知則知歸有涯，「無聽之以耳，而聽之以心」（〈人間世〉）是「離形」（〈大宗師〉），「無聽之以心，而聽之以氣」（〈人間世〉）是「去知」（〈大宗師〉）。通過修養工夫，人生的困苦即可解開，從有用之用的桎梏束縛中脫離出來，就可以回到無用之用的自然虛靜中，去實現自在自得的大用。

逍遙無待之遊

老子的形上原理，是以本屬作用層的虛無，來保存天下萬有的實有。人生修養在

「專氣致柔，能嬰兒乎」（《老子・十章》）、「常德不離，復歸於嬰兒」（〈二十八章〉），政治智慧在「功成事遂，百姓皆謂我自然」（〈十七章〉）、「聖人無常心，以百姓心為心」（〈四十九章〉），人生的「化而欲作」（〈三十七章〉）是人為的錯失，政治的「始制有名」（〈三十三章〉）是造作的誤導，歸結在「道常無為而無不為」（〈三十七章〉），無掉了人為錯失與造作誤導，而回歸嬰兒的天真，跟百姓的自然，就是「無為而無不為」的常道了。

人生修養所追尋的是自我的真實，也就是「精之至」（〈五十五章〉）的生命人格，政治智慧所嚮往的是整體的和諧，也就是「和之至」（〈五十五章〉）的自然理序。

對莊子而言，自我的真實在逍遙無待之遊，這是主體生命的修養，整體的和諧在天籟齊物之論，這是形上根源的保證。《莊子》云：

> 北冥有魚，其名為鯤。鯤之大，不知其幾千里也；化而為鳥，其名為鵬，鵬之背，不知其幾千里也。怒而飛，其翼若垂天之雲。是鳥也，海運則將徙於南冥。南冥者，天池也。（〈逍遙遊〉）

這段寓言，寫主體生命的超拔飛越，奔向人生的終極理想境。

北冥是北海，不說海而說是冥，意謂深遠不可知，如同老子所說的「玄」，「玄之又玄，眾妙之門」（〈一章〉），天道的「玄」，才能解釋萬有的「妙」，北冥是生命孕育之場，也是「眾妙之門」。「窈兮冥兮，其中有精；其精甚真，其中有信」（〈二十一章〉），精是精純而真實，且現象經驗可以證實。

鯤本來是魚子，代表生命的本始。然魚子雖小，卻可以由「小」而「大」的成長，且長成幾千里的大。然幾千里的大，是數量的大，是形軀的大，這種大會成為生命的負擔。

「化而為鳥」，是把大的軀體化掉，由「大」而「化」的飛越，不再是數量的擴展，而是品質的轉化，與境界的提升，超拔在形而上的層次，這是主體生命的大化流行。主體生命的成長飛越，「怒而飛」，是奮起而飛揚，大鵬鳥起飛，聲勢壯闊，兩翼伸展，有如雲垂天旁。

然大鵬鳥起飛，雖是主體生命的自我超拔，卻不能離開天道自然，「海運」是海上長風吹起運行的時候，主體生命的大化，與天道自然的大化，同體流行，這樣的話，生命就從北冥直飛南冥了。

而南冥就是人生的終極理想境，所以說：「南冥者，天池也。」天池是天道奧藏萬物的地方。人生由北冥而南冥，南冥天池，是天人合一的化境。

不過，從北冥飛往南冥，是由形下飛往形上，不是平面的逃避而是立體的飛越，所以，南冥不在北冥之外，只要生命由小而大，由大而化，則北冥已自我轉化，提升至南冥的境界，如是，人間化為天上，而天上不離人間。

莊子大鵬怒飛的寓言，正隱寓生命是由小而大，由大而化之成長飛越的歷程，主體的大化與自然的大化，同體流行，就開顯了天人合一的終極理想境。

消是消解、遙是遠大，消解形軀的束縛，與心知的限定，生命就可以解除忌諱憂慮，人間頓成空闊無邊，何處而不可遊？逍是工夫，遙是境界，遊是人生的自在自得。

惜乎小麻雀不知大鵬鳥的心胸懷抱，猶不解的嘲笑大鵬鳥，何以要「水擊三千里，摶扶搖而上者九萬里」，飛得那麼高遠，還不是一樣的飛嗎？且小麻雀的飛，沒有風險、突起而飛，就是一時沒有衝上枝頭，而掉落於地，爬起身再飛就是了，這不也是飛的極致嗎？

莊子以小麻雀的自我解嘲，來襯托大鵬鳥成長飛越的氣象壯闊，所以說：「小知不及大知，小年不及大年。」小知、小年是分別心所執著的相對小大，大知、大年是無分別心所觀照所實現的一體皆大。

此小大之別，落在生命的進程，就展現不同的境界，云：

故夫知效一官，行比一鄉，德合一君而徵一國者，其自視也亦若此矣。而宋榮子猶然笑之，且舉世而譽之而不加勸，舉世而非之而不加沮，定乎內外之分，辨乎榮辱之竟斯已矣，彼其於世未數數然也，雖然猶有未樹也。夫列子御風而行，泠然善也，旬有五日而後反，彼於致福者未數數然也，此雖免乎行，猶有所待者也。若夫乘天地之正，而御六氣之辯，以遊無窮者，彼且惡乎待哉！故曰至人無己，神人無功，聖人無名。〈逍遙遊〉

第一類型的人，被世俗認定是成功的人物，知能盡一官之職，行誼合一鄉之義，德行得一國之君的賞識，且被一國之人所信任。此類事功人物的自我期許，就如同小麻雀一般的小。他們有求於外，有功有名。

第二類型的人，以宋榮子為代表。看不起有求於外，有功有名的官場人物，他認為活在自己才能護住生命的尊榮，有求於外無異失去自主權，所以，全天下的讚譽沒有能勸勉他，全天下的毀謗也不能讓他沮喪，他把自我之外的天下，從生命中排除。他固守於內，無功無名，然苦苦守住的己，卻未有價值內涵的樹立。

第三類型的人，以列子為代表。宋榮子所堅守的己，他也放開了，完全隨順外物，所以，可以御風而行，當然輕妙便捷。不過，十五天之後風又把他飄回來了，不是我御風，而直是風御我，雖難能並不可貴。列子無己，雖然免於走路的勞累，他還是有待於風的啊！更重要的是，他的生命已由風向決定。

第四類型的人，是與天地萬物為一體的至人、神人、聖人，順天地自然之性，遊六氣變化之途，無功無名，抑且無己，列子無己是形軀的修鍊，至人、神人、聖人的無己，是生命精神的超越解放，列子無己猶有待於風，至人、神人、聖人的無己，則已入無待的境界。

所謂乘天地之正，意謂天地自有其正，故天地不可乘，今曰乘，實則不必乘；御六氣之變，意謂六氣自有其變，故六氣不可御，今曰御，實則不必御。不必乘不必御，也就是所在皆乘，所在皆御。所在皆是，隨處可遊是無窮；當下即是，無入而不自得則是無待。

無待是從萬物存在的依待關係中超拔出來，無小無大，不死不生，不在時空串系中，不在因果關聯中，一切匯歸自己，以「物之在其自己」的姿態出現，不對認知主體而顯，不在主客相對中，而是主客一體，「天地與我並生，萬物與我為一」（〈齊物論〉），天地不必乘，六氣不必御，無條件無依存，這就是所謂的自在自得。

我自己在，我自己得，不依靠天地才在，不等待萬物才得，不依靠功，不等待名，我就在，我就得。而不依靠功，不等待名，是因為我無己，不執著自己，所以人間功名頓失去了所能依附的主體。

如此，主體解放了，主體自由了，無執著無牽動，世界也解放了，人間也自由了，主體解消了，世界變大了，人間到處可遊，這就是逍遙遊。

天籟齊物之論

自我的真實，要從生命的自由生發出來，整體的和諧，要從人格的平等建立起來。〈逍遙遊〉追尋的是生命的自由，〈齊物論〉展現的是人格的平等。人之所以為人，人是什麼?或人有什麼?人往何處去?這都是哲學理論或宗教教義所要解答的問題，是即所謂的存有論，在莊子則稱為物論，為萬物的存在，找到了可以安身立命的理論基礎。

問人間是否平等，顯然不站在事實觀點，而是出於價值觀點，因為站在事實觀點，不必有萬物當該平等的思考。而價值觀根源自各大教的義理系統，如儒墨兩家的思想體系，各有其獨立自足的是非標準，以墨觀儒或以儒觀墨，都很難有同情的了解，更別說肯定尊重了，故在思想家派的相激相盪中，墨批判儒的不是，儒抨擊墨的不是，此之謂儒墨的是非。

人跟人之間的誤解偏見，背後都藏有某一學派或某一教派的價值觀，不同教派的信徒或不同學派的門徒，不會僅停留在你說你的、我信我的之各說各話、我行我素的層次，總忘不了懷疑對方的人格甚至心智是否正常，所以誤解偏見，會帶來抗爭傷害。莊子要齊「物」，先得齊「物論」。

眾生平等要成為可能，只有建立各大教平等的共識。否則，人間的平等是假的，沒有真誠，沒有信任，只是妥協容忍，相安無事而已！

本來人只是物，有了物論之後，人才有尊嚴，才有價值，取消物論，可以根本上取消偏見，化解抗爭，卻可能帶來一個更可怕的後果，人退回到原始野蠻的狀態，變成赤裸裸的自然物，只有「在」而無「有」的人物。

物論不取消，是否可以統一？物論統一，就沒有學派間的是非，不是眾生平等了嗎？問題是，各大教都是最後最高的惟一，沒有人可以取代，統一就是專制獨斷，你取消了它整個民族的存在基礎，必引發它傾盡全力的長期抗爭，反而帶來更大的災難跟傷害。

萬物平等，要從「物論」平等做起，而物論一者不能取消，二者不能統一，在不可齊之中，尋求可齊之道，惟有超越一途。莊子道家，本質上是作用層的空靈智慧，而不是實有層的實事實理，故不會捲入你是我非的對抗中，僅給出一照明的妙用，來化解儒墨的是非。

問題在，超越物論的理論基礎何在，《莊子》云：

南郭子綦隱几而坐，仰天而噓，嗒焉似喪其耦。顏成子游立侍乎前，曰：「何居乎，形固可使如槁木，而心固可使如死灰乎！今之隱几者，非昔之隱几者也。」子綦曰：「偃，不亦善乎，而問之也！今者吾喪我，女知之乎！女聞人籟而未聞地籟，女聞地籟而未聞天籟夫！」子游曰：「敢問其方？」子綦曰：「夫大塊噫氣，其名為風，是惟無作，作則萬竅怒呺，而獨不聞之翏翏乎？山林之畏佳，大木百圍之竅穴，似鼻、似口、似耳，似枅、似圈、似臼，似洼者、似污者；激者、謞者、叱者、吸者、叫者、譹者、宎者、咬者；前者唱于，而隨者唱喁，泠風則小和，飄風則大和，厲風濟，則眾竅為虛，而獨不見之調調之刁刁乎！」子游曰：「地籟則眾竅是已，人籟則比竹是已，敢問天籟？」子綦曰：「夫吹萬不同，而使其自己也，咸其自取，怒者其誰邪？」（〈齊物這一段「萬竅怒呺」的寓言，旨在為萬物存在的真實性，找到形而上的超越根據。

南郭子綦以今者吾喪我的修養工夫，來回應子游形固可使如槁木，而心豈可使如死灰的質疑。吾喪我是生命主體從形軀的束縛限定中，解脫出來，所以形體乾枯如槁木，問題是，形如槁木不一定心如死灰，心靈虛靜卻可以藏有無限的生機靈感。

「吾」是精神的我，「我」是形體的我，精神的我擺脫了形體的我，而回到心本身的自由。精神的我是無形的，形體的我是有形的，天籟是無聲之聲，地籟、人籟是有聲之聲，看到形如槁木，就斷定心如死灰，此有如只看到有形的我，卻看不到無形的我，只聽到有聲之聲的地籟、人籟，而聽不到無聲之聲的天籟一樣。

大塊噫氣是宇宙長風吹起，而風本無聲，這一無聲之聲是天籟。風吹向大地萬竅，會發出萬種不同的聲音，這是地籟。人也是萬竅之一，人人形體不同，人人吹奏的生命樂章也不同，這是人籟。

地籟、人籟皆萬種不同，人我有異，很難平齊。然地籟、人籟，都從天籟來，它本身無聲，而萬竅怒呺的聲響都從它來，假如宇宙長風止息，萬竅即歸於死寂。所以，莊子一者肯定萬竅「咸其自取」的獨特風貌，二者又逼顯「怒者其誰」的天籟根源。

沒有天籟的發動，萬竅是發不出聲音來的，而天籟又容許萬竅以自己的存在方式發聲。如是，地籟、人籟雖各有不同，卻同時都是真的，萬物平齊的理論基礎，就此建立。

落在每一個人的生命存在而言，《莊子》云：

> 若有真宰而特不得其朕，可行已信，而不見其形，有情而無形。百骸九竅六藏，賅而存焉，吾誰與為親？女皆說之乎？其有私焉？如是皆有為臣妾乎？其臣妾不足以相治乎？其遞相為君臣乎？其有真君存焉！（〈齊物論〉）

這一段分析，真是千迴百轉，莊子反省人的生命，何以會有大知小知、大言小言的分別，何以會有大恐小恐、魂交心鬥的恐慌，從司是非到守勝，生命已歸於消殺沈溺與塵封僵化，而這一切的情態變幻，不知從什麼地方冒出來的？

從人生已有的經驗當中，似乎要有一個主宰，才能解釋人的行為，只是它是無形的，看不到它的徵兆而已！人體有百骸、九竅、六臟，就好像天地間有萬竅一樣。做為一個人你要跟其中的那一個最親呢？你一樣的喜歡它們，還是你有私心偏愛的？此顯然不可能。既然是一樣的愛，那麼它們的地位都有如臣妾一般，就不足以互相治理，因為都不能做主。另外還有一個可能，它們輪流當君臣，就可以有君做主了，問題是生理、官能、欲求，是實然的結構，不能誰取代誰，誰領導誰，最後，要解釋生命的統一現象，只有一個可能，在百骸、九竅、六臟之上，一定有一個真正的主宰，可以做為生命主體的心。

百骸、九竅、六臟，是有形的我，有如地籟、人籟，是有聲的世界，真君是無形的我，有如天籟是無聲的世界。天籟無聲，卻是一切聲音的發動者，心靈無形，卻是一切行為的決定者。它是虛的，所以可以透入萬有，也包容萬有，而主導萬有，並實現萬有。

萬竅怒呺的寓言，解釋萬物的存在，都從天籟來，所以地籟之全與人籟之真，都是天籟，每一竅的不同聲音，每一人的不同樂章，都是天籟的彰顯，所以一樣的真，一樣的美。人籟之真是自我的真實，地籟之全是整體的和諧。逍遙無待之遊，與天籟齊物之論，在此都有了存有論的根據。

有真人而後有真知

逍遙無待之遊，是主體的超拔飛越，天籟齊物之論，是物我的同體肯定，前者，是由下而上的飛越，後者是由上而下的肯定。主體的超拔飛越是真人，物我的同體肯是真知，真人有待工夫修養，真知則是修養證成的境界。

《莊子・大宗師》開宗明義云：

知天之所為，知人之所為者，至矣。知天之所為者，天而生也；知人之所為者，以其知之所知，以養其知之所不知。終其天年，而不中道夭者，是知之盛也。雖然有患，夫知有所待而後當，其所待者，特未定也。庸詎知吾所謂天之非人乎，所謂人之非天乎？且有真人而後有真知。

人生修養的最高境界，在同時知天跟知人。先問如何知天？天無形，只有通過天的作為去知天，而天的作為就在「天而生」的生成作用，且具體而微的顯發在萬物之靈的「人」身上，由此可知，知天、知人是二而一的問題。再問如何知人？也要由人的作為去知人，問題是，人的作為可區分兩類，一、是出於人心執著所做出來的，這是有心有為的人為造作；二、是出於人心虛靜所做出來的，這是無心無為的，天生自然，而無心天真的人才是人。所以，知人可以知天，關鍵在，是真人還是假人，通過無心無為的人，真人，才能知天生自然的天道。

天生自然的人，就可以享有天年，不會在人為造作中傷了自己，而中道夭折，這是心靈虛靜的致極工夫。不過，此中還有不確定的因素存在，因為真人有待於修養工夫，而修養工夫是無窮無盡的歷程，所以真知的究竟一時難定。

倘若有此反省，以修養工夫做為保證，從人為造作中超拔出來，而歸於無為自然，那麼，你怎麼知道我所說的天不是人，我所說的人不是天呢？人生修養的最高境界，就在開顯天人合一的理境！真人是天真的人，天生真實的人，他的身上就有天了。

何謂真人？落在人生行程百態，可以有各種類型的表現：

㈠**是去心知之執**

不反抗寡少，不雄霸天下，心知不執著，人為不造作，這樣的人縱然有過錯也可以無悔，得當也不自以為得意，他什麼都不想要，所以也沒有什麼可以傷害他。

㈡**是解情識之結**

睡眠的時候沒有夢想，醒覺的時候沒有憂患，食物不求美味，生命氣息深遠，通過腳跟立足大地根土。而一般世俗卻生命氣息短淺，以咽喉為出口管道，好發議論，而無內斂涵藏，心知欲求纏結陷落，天生自然就少了。

㈢是破死生之惑

不喜悅生，不厭惡死，來時不忻喜，去時不抗拒，死生往來自在無累，安於來的起始，順任去的終結，有了此生可以自得，不執著生也可以復歸。心不起人為造作來傷損天道，也不有心有為來助長天道。這樣的人，心專一，生命寂靜，容貌質樸，可以清冷如秋季，也可以溫暖如春天，生命感受與四時同運，與萬物相處合宜，而不知一切是怎麼來的，好像天生自然一樣。

㈣是「以刑為體」的承受，「以禮為翼」的通過，「以知為時」的化解，「以德為循」的實現

人有形體是天生的限定，只要能無知無欲，形軀的束縛還是可以解開的；禮是人生的輔翼，形體不自由，人間也不自由，跟人相處關係複雜，禮正是通過人間複雜的管道；人生修養，去心知之執，解情識之結，破死生之惑，心歸於虛靜，跟天地萬物會有自然感應，看似不得已，實則因應而得時宜；心虛靜無為，人生依循天生自然而行，就好像有腳的人總會走上小山丘一樣的自然，別人還以為他勤行苦累才到達的呢！自我的真實就在自然無為中實現了。

真人的最高境界是「天人合一」，云：

故其好之也一，其弗好之也一，其一也一，其不一也一。其一與天為徒，其不一與人為徒，天與人不相勝也，是之謂真人。(〈大宗師〉)

好與弗好，是就人間心知的相對區分而言，真人越過好與弗好之上，都是一，此有如老子云：「善者吾善之，不善者吾亦善之，德善。」(〈四十九章〉) 聖人越過善與不善之上，都是善。不過，在一固然是一，從天道說當然無分別，關鍵在，在不一也是一，立身人間仍然是一，通過人間的考驗，在雜多中純一，這是有待於修養工夫的保證，「以其知之所知，以養其知之所不知」，其知所知，是不一，養其知所不知，則不一被化掉還是一，此之謂天與人不相勝，天與人不相凌駕，兩界不分裂，而是和諧統一。越過好與弗好，而歸於一，才能做到不一也一的修養境界。好與弗好，又如何越過？此《莊子》云：

泉涸，魚相與處於陸，相呴以濕，相濡以沫，不如相忘於江湖；與其譽堯而非桀也，不如兩忘而化其道。(〈大宗師〉)

越過之道，在兩忘而化其道，忘掉堯與桀的分別，就可以做到老子所說的「我無為而民自化」（〈五十七章〉），自化是百姓自己化於天道自然中。對於魚而言，是「穿池而養給」（〈大宗師〉），對於人而言，是「無事而生定」（〈大宗師〉），魚相忘於江湖，人相忘於道術，相忘兩忘，無好與弗好，都是一，如是人間的不一也一，天人合一的真人修養，就此完成。

心齋與坐忘

不論是老子的「道生之，德畜之」（〈五十一章〉），還是莊子的「咸其自取，怒者其誰邪」，天道皆內在於萬物之中；而「萬物莫不尊道而貴德」（〈五十一章〉）與「其有真君存焉」，都肯認人人皆有德貴與真君。問題在，德的貴與君的真，是存有論的貴跟真，而人生在世，內在本具的德貴與真君，還得通過修養工夫，去實踐出來。

真君內在本有，是生命的主體，是自我的真實，而真君是天籟，天籟要通過萬竅的某一竅來發出聲音，真君也要寄寓在萬竅中某一形體來展開生命。《莊子》云：

一受其成形，不亡以待盡，與物相刃相靡，其行盡如馳，而莫之能止，不亦悲乎？終日役役，而不見其成功，薾然疲役，而不知其所歸，可不哀邪？人

謂之不死奚益？其形化，其心與之然，可不謂大哀乎？人之生也，固若是芒乎？其我獨芒，而人亦有不芒者乎？（〈齊物論〉）

「一受其成形，不亡以待盡」，就是「吾生也有涯」，生有涯就從成形待盡而來；「其形化，其心與之然」，就是「而知也無涯」，知無涯就從其心與形化同然而來。真君是天籟，一受其成形，就會有彼是之分，云：

物無非彼，物無非是。……彼亦一是非，此亦一是非。（〈齊物論〉）

不亡以待盡，就會有死生之別，這是「其形化」的必然現象。不論是成形的彼是，還是形化的死生，都是「以刑為體」的存在處境，且是「天刑之，安可解」（〈德充符〉）的天生命限。

根本的問題出在「其心與之然」，心有知的作用，會執著彼是而為是非，執著形化而有死生，成形與形化而心跟進，是非之分與死生之別，就會回過來壓迫自己，成了人生的自困自苦，困的是心知，苦的是生命。云：

其分也，成也；其成也，毀也。（〈齊物論〉）

未成乎心而有是非，是今日適越而昔至也。（〈齊物論〉）

分是分別心，分別心所成的是「是非」跟「死生」，而是非死生的分別一在心中形成，生命就毀了，受到了「德蕩乎名，知出乎爭」（〈人間世〉）的傷害。生命自然在名號分別中流蕩失真，因為「名也者，相軋也；知也者，爭之器也」（〈人間世〉），心知名號是爭的利器，是非向天下爭，死生跟自己爭。所以說：「二者凶器，非所以盡行也。」（〈人間世〉）傾軋抗爭帶來殺傷，是為凶器，不足以盡生命的自然之行。為了避開「以有涯隨無涯，殆已」的茫昧，就得去心知之執，從而破是非之分與死生之別，解開是非的桎梏與死生的枷鎖，而回歸生命的自然天真。故云：

胡不直使死生為一條，以可不可為一貫者，解其桎梏可乎？（〈德充符〉）

人生的困苦，依道家的反省，來自心知的執迷，故修養工夫在心上做。對莊子而言，人生修養一在心齋，二在坐忘。

回曰：「敢問心齋？」

仲尼曰：「若一志，無聽之以耳，而聽之以心；無聽之以心，而聽之以氣。耳止於聽，心止於符，氣也者，虛而待物者也。唯道集虛，虛者心齋也。」（〈人間世〉）

「心齋」是心的齋戒。所謂工夫修養，就在心如何對待物，在物欲與物象的牽連間，心如何存全它本身的自由？人物有感官物欲，自然物有物象，物象牽引物欲，人的生命就在物象流轉與物欲爭逐中流落迷失。而物象進來第一關要通過感官。所以，人與物接，不能用耳去聽，而要用心去聽，因為耳的功能僅止於聽，聽到了也就被拉走了，它沒有反省選擇的能力，一如《孟子》所云：

耳目之官，不思而蔽於物，物交物，則引之而已矣！（〈告子上〉）

不用感官聽，而用心聽，如此人生就可從往外求取的路上，走回自己。故云：

夫徇耳目內通，而外於心知。（〈人間世〉）

問題在，心知的功能，僅能執著物象，且「與接為構，日以心鬥」（〈齊物論〉），物象為心知所執取，構成心象，並據為是非的標準，而與物相刃相靡。故云：

不知耳目之所宜，而遊心乎德之和。（〈德充符〉）

以其知得其心，以其心得其常心。（〈德充符〉）

心知困住自己，惟一可能是超越自己，不用心聽，外於心知，不知耳目之所宜，而用氣聽，氣就是虛而待物。一者虛是無心，且是常心，如同「人莫鑑於流水，而鑑於止水，唯止能止眾止」（〈德充符〉），「唯止」是虛，「能止眾止」是照現萬物；二者無心才可以遊心，不執著不困陷，心掙脫心知，自我還歸真實，整體也可以和諧，所以說德之和。

心齋由耳而心，由心而氣的工夫修養，是由外而內，由有心而無心的超拔解消的歷程，此與告子所云的「不得於言，勿求於心；不得於心，勿求於氣」（〈孟子・公孫丑上〉），形式接近，「言」是社會人文現象，相當於「耳」，「不得於言，勿求於心」，相當於「無聽之於耳，而聽之以心」，因為心有知，心會亂，所以言有不得，不要求助於心來認知：「不得於心，勿求於氣」，相當於「無聽之以心，而聽之以氣」，心有不得安，也不要求助於血氣來支持，因為連帶著自然生命也會被擾亂了，依孟子「持其志，無暴其氣」與「我知言，我善養吾浩然之氣」（〈公孫丑上〉）的義理脈絡來看，氣是自然血氣，而不是虛而待物的氣，二者分屬心物兩個不同的層次，此是告子與莊子形似，而實大相逕庭。

在「心齋」的「虛而待物」之外，莊子又開出「坐忘」的「同於大通」的工夫境界。云：

> 仲尼蹴然曰：「何謂坐忘？」
>
> 顏回曰：「墮肢體，黜聰明，離形去知，同於大通，此謂坐忘。」（〈大宗師〉）

墮肢體就是離形，也就是無聽之以耳；黜聰明，就是去知，也就是無聽之以心。而聽之以氣的虛而待物，就可以躍登坐忘的境界。《莊子》云：

> 聞以有翼飛者矣，未聞以無翼飛者也；聞以有知知者矣，未聞以無知知者也。瞻彼闋者，虛室生白，吉祥止止。夫且不止，是之謂坐馳。（〈人間世〉）

有知知是聽之以心的「心知」，無知知是聽之以氣的「心齋」，虛室生白就是虛而待物，吉祥止止就是同於大通，人間美好止於無翼飛無知知的止，止水能止眾物來止，虛室無心能引眾人來止，這就是道家虛靜觀照，無為而無不為的實現原理，虛室生白與虛而待物義理等同，待物就是生白，所以有價值實現的意義，虛而待物的待，不是主客對待，而是心照現物，眾物來止，眾人來止，等於實現眾物，實現眾人，故謂吉祥。倘若人生沒有安身立命的依止停靠之地，則雖坐猶馳，不止就是「其行盡如馳，莫之能止」（〈齊物論〉），所以說不亦悲乎！

逍遙無待之遊，要無己無功無名，無己就是離形，無功無名就是去知；天籟齊物之論，「女聞人籟而未聞地籟」就是無聽之以耳；「女聞地籟而未聞天籟」就是無聽之以心；天籟無聲，就得聽之以氣，氣是虛的，無形的心才能聽到無聲的天籟。天籟是大塊噫氣，無所不在，真君是天籟，離形去知而真君凸顯，所以說同於大通。

由是而言，莊子的哲學所追尋的是自我的真實，與整體的和諧，都要通過心齋與坐忘的修養工夫，心虛靜而觀照萬物，而實現萬物，所以說：「唯道集虛。」

無用之用是為大用

離形擺脫了「吾生也有涯」的天生命限，去知解開了「而知也無涯」的人為桎梏，無死生無是非，忘年忘義，真君「虛而待物」，天籟「唯道集虛」，萬物「咸其自取」，又「同於大通」，這是自我真實中的整體和諧。然而，人間的道永遠有真假的懷疑，人間的言永遠有是非的爭論，《莊子》云：

道惡乎隱而有真偽，言惡乎隱而有是非，道惡乎往而不存，言惡乎存而不可，道隱於小成，言隱於榮華。故有儒墨之是非，以是其所非，而非其所是，欲是其所非，而非其所是，則莫若以明。（〈齊物論〉）

道行之而成，物謂之而然。惡乎然，然於然；惡乎不然，不然於不然。物固有所然，物固有所可；無物不然，無物不可。（〈齊物論〉）

就天道內在於萬物的地籟而言，道是無往而不存的，故謂道行之而成；就內在本有的人籟而言，言是無存而不可的，故謂物謂之而然。道所往皆存，言所存皆可，故謂無物不然，無物不可。問題在，落在每一竅每一物的有限性而言，「然」於自己的「然」，「可」於自己的「可」，相對於他竅他物的特殊性而言，「不然」於自己的「不然」，「不可」於自己的「不可」，由是而成立儒墨的是非，相彼自是，故「是」對方之所「非」，而「非」對方之所「是」，以自身之道為真，以對方之道為偽，以自身之言為是，以對方之言為非。

莊子對儒墨的是非，有一超越的反省，當人間的道有真偽之分的時候，意謂大道已隱退，當人間的言有是非之爭的時候，意謂真言已隱藏，因為物固有所然，固有所可，今謂道有偽而言有非，反證大道隱於人為的小成，真言隱於有心的榮華。成小而失大，榮華而失真，超越翻轉之道，在「莫若以明」，「照之於天」（〈齊物論〉），不成則不失，無榮華則無是非。此《莊子》云：

> 其分也，成也；其成也，毀也。凡物無成與毀，復通為一。為是不用而寓諸庸。庸也者，用也；用也者，通也；通也者，得也。適得而幾矣，因是已，已而不知其然謂之道。（〈齊物論〉）

真偽是非是成，道隱言隱是毀，所成者小，所毀者大，越過「然於然，不然於不然」的執著定限，而回歸「物固有所然，物固有所可」的自然天真，「凡物無成與毀，復通為一」就可以體現「無物不然，無物不可」之「道通為一」（〈齊物論〉）的境界了。

有成有毀是用，無成無毀是庸。不用是生命不落在「用」的成心層次，而寄寓在「庸」，也就是超拔在道通為一的道心層次。在「用」的層次，有利害得失，是非死生之分，人我之間會有小用、大用的才學差別，歸結到有用、無用的價值分判；在「庸」的層次，無利害得失，是非死生之分，故云：「死生無變於己，況利害之端乎？」（〈齊物論〉）根本無「用」的標準，人我之間也就不會有小用、大用的才學差別，更不會有有用、無用的價值分判了。

生命寄託在「庸」的層次，無標準、無分別、無批判、無貶抑，萬物不必委屈自己，去迎合世俗功名，而可以存全自身的用，此之謂「庸也者，用也」；而人人有用，就是「無物不然，無物不可」，已進於「道通為一」的境界，此之謂「用也者，通也」；人人凸顯自己的用，就是「物固有所然，物固有所可」，萬物自在自得，此之謂「通也者，得也」。人間世界，人人自在，人人自得，也就接近天道了。

所以，順任人人之所是而是之，就是物謂之而然，人生在此找到自己存在的分位；順任人人之所是，做人人之所然，此之謂「已而不知其然，謂之道」，因為道行之而成啊！

如何由「用」的層次，轉化提升至「庸」的層次，《莊子》云：

今子有五石之瓠，何不慮以為大樽，而浮乎江湖，而憂其瓠落無所容，則夫子猶有蓬之心也夫。（〈逍遙遊〉）

五石大的葫蘆瓜，既不能當酒壺，又不能做水瓢，因為脆弱提不起，又平淺無所容，所以惠施覺得栽種的心血付之流水，而把它擊碎，莊子批判他拙於用，就好像一樣有不龜手的藥方，有人世世代代幫人家漂洗棉絮，有人可以冬天與越人水戰，大敗越人而裂土封侯。這是在「用」的標準之下，前者小用，後者大用。不過，葫蘆瓜本身有它的用，你可以把它繫在身邊，當做腰舟，而浮浪於江湖之上，這才是它本身的大用，惠子通過人的觀點，把它當做酒壺或做成水瓢，這是人的有蓬之心，人為的拙於用，結果葫蘆瓜被擊碎了，而失去了它自身本有的用。又云：

今子有大樹，患其無用，何不樹之於無何有之鄉，廣莫之野，彷徨乎無為其側，逍遙乎寢臥其下。不夭斤斧，物無害者，無所可用，安所困苦哉！（〈逍遙遊〉）

惠子譏諷莊子，有如一棵山椿大樹，大本盤錯而不合繩墨的標準，小枝拳曲而不合規矩的衡定，所以種在路邊，木匠走過也不回頭看，因為大而無用啊！莊子說有用也可能帶來災難，閣下好像黃鼠狼一般隱伏藏身，等待出遊小動物，為了表現它的靈巧，這邊跳跳，那兒跳跳，反而中了獵人的機關，死於網羅之中。

實則大樹跟大葫蘆瓜一樣，有它本身的用，你不把它當木材用，就不會在乎它是否拳曲盤錯；最好的方式把它種在無何有之鄉，心無何有，就是心沒有實用的立場，如此田野會變成空闊無邊，你就可以徜徉其中，寢臥其下，無為而逍遙。因為沒有材用的思考，也不會引來柴刀斧頭來砍伐傷害它，所以，大樹無用，反而不會困住自己，讓自己受苦啊！最後莊子說了一句語重心長的話：

> 人皆知有用之用，而莫知無用之用也。（〈人間世〉）

有用之用是人為的用，無用之用是自然的用，人為的用是自困自苦，自然的用才自在自得了。取消有心有為，回到無心無為，就由「用」的層次，提升至「庸」的層次，「用」是有用之用，「庸」是無用之用。前者不免有小用、大用的差等，有有用、無用的判別，後者則無小大之分、有無之別，每一個人回到自己本身的用，所以說，無用之用，是為大用。

總括說來，莊子的思想是老子哲學進一步的開展，老子體現的天道，到了莊子，已內在化而為天人、至人、神人、聖人、真人，故莊子哲學以人為主體，逍遙無待之遊，是自我的真實，天籟齊物之論，是整體的和諧，前者由小而大，由大而化的超拔飛越；後者由大塊噫氣，到咸其自取的同體肯定，二者之所以可能，有待於人自身心齋與坐忘的修養工夫，如是，生有涯而知無涯的人生困苦，才得以化解，無掉世俗功名人為造作的「用」，才能成全人人自身的大用。

道家思想，從平面而言，似乎走文明的倒退路，儒家是走出自然，開出人文，道家則倒反回去，解消人文，回歸自然。不過，道家的自然，不是自然世界，而是自然境界，不是山水田園的自然現象，而是山水畫田園詩的自然理境，詩情畫意由心生發出來，是以道家的回歸自然，不是倒退，而是超越，儒家以人文化成自然世界，道家則從儒家的人文化成中超拔出來，開出自然境界。儒家有心，而道家無心，試繪簡圖表示：

儒家有心而道家無心的生命兩境

道家無心	儒家有心	物 欲 象
自然境界 ↑	人文化成 ↓	自然世界

十　註釋

註1：王船山《莊子解》云：「外篇非莊子之書，蓋為莊子之學者，欲引伸之，而見之弗逮，求肖而不能也。以內篇觀之，則灼然辨矣。……故其可與內篇相發明者，十之二、三，而淺薄虛囂之說，雜出而厭觀；蓋非出一人之手，乃學莊者雜輯以成書。其他若〈駢拇〉、〈馬蹄〉、〈胠篋〉、〈天道〉、〈繕性〉、〈至樂〉諸篇，尤為悁劣。」卷八，七十六頁，台景印初版，台北：河洛圖書出版社，民國六十三年。

又云：「雜云者，博引而泛記之謂。故自〈庚桑楚〉，〈寓言〉，〈天下〉而外，每段自為一義，而不相屬，非若內篇之首尾一致，雖重詞廣喻，而脈絡相因也。外篇文義雖相屬，而多浮蔓卑隘之說；雜篇言雖不純，而微至之語，較能發內篇未發之旨。……若〈讓王〉以下四篇，自蘇子瞻以來，人辨其為贋作。觀其文詞，粗鄙狼戾，真所謂『息以喉而出言若哇』者。」卷二十三，一九六頁。

5

從修養功夫論莊子「道」的性格

當代莊學研究的省思

寫莊子難，一者莊子多寓言，論道說理，重在解消，而不在構成，概念抓不住，體系也就架構不出來；二者莊子有內篇與外、雜篇的分異，在歷史定位與思想傳承上，頗多爭論。以內篇為主，當然純淨多了，卻割捨了原本的豐富性，若引進外、雜篇，則不免駁雜，且道在生命之外，成了超絕的存在，而與主體有隔。本文之寫作，不另做版本年代的重新考察，這一方面劉笑敢與張恆壽兩位先生，已有了紮實而可觀的成果出來。(註1)

不過，倘若以外、雜篇說莊子，而以內篇說後期莊學，則莊子頓成「唯物主義的哲學」，而莊子後學反成「唯心主義的哲學」了(註2)。若單以內篇，甚或包括外、雜篇所謂述莊派的整體來統說莊子，則有所謂「主觀唯心主義」的論定，而與老子的「客觀唯心主義」做一簡別(註3)。可見內篇與外、雜篇之間，確實存在著思想觀點，甚至理論體系的歧異，若不在原典素材上，先做界定，任何討論辨析，仍難有交集。故僅站在老前莊後，且內篇是莊子學，而外、雜篇是莊子後學的立場(註4)，對莊子的思想，做一釐清與建構，試圖在當代莊學研究的眾說紛紜當中，找到可以消解爭論而自成體系的詮釋。

當代莊學研究，系統論著尚不多見，本文志在檢討劉笑敢先生在《莊子哲學及其演變》的專文當中，對馮友蘭與牟宗三兩位先生的批判觀點，來進行兩方面的討論，一是莊子的道，是本體論意義，還是認識論意義？二是這一形上之道，是實有形態，還是境界形態？（註5）舍此而外，並檢討崔大華先生在《莊學研究》專著當中，對「道的三層意義」的詮釋觀點，一是構成萬物的基始——氣，二是萬物生成和存在的形式——化，三是宇宙最後的根源——道。從氣的萬化到物的自化，再到道的本根的理路架構，是否可以成立？（註6）在理論體系的研討之後，即可檢證當代學者對莊子人生境界的評斷，是否如實合理？

吾人要問的是，像〈逍遙遊〉這樣的無待境界，果真是子虛烏有，純任想像的嗎（註7）？是主觀的理想，轉成最沒有理想的主觀嗎（註8）？甚至可以說是自欺欺人的幻想，所謂精神勝利法的精緻混世主義嗎？（註9）

要回答此等負面式的論斷，則得回歸莊子「心齋」與「坐忘」的修養工夫，通過主體的修證體現，開顯了「道」的境界，一者可以回應「道」是本體論意義，還是認識論意義的爭論，與是實有形態還是境界形態的疑慮，二者可以解消主觀想像，其至是幻想混世的貶抑評價。

最後，此一由修養工夫體現形上境界的解釋系統，則匯歸於牟宗三先生的「縱貫橫講」的觀點（註10），來做一反思，以求在當代莊學研究的各家爭論間，找到可以消解困難，而言之成理的解釋。

〈齊物論〉的道是存有論意義而不是認識論意義

依據張岱年先生的觀點，劉笑敢先生對莊子思想的詮釋，乃經由〈齊物論〉的認識論意義，與〈大宗師〉的本體論意義的分判，兵分兩路切入，去探索莊子之道的不同性格。云：

> 區分〈齊物論〉中的道，與〈大宗師〉中的道，也並不是全新的見解。張岱年先生在《中國哲學大綱》中，就是把〈大宗師〉與〈齊物論〉中的道分別放在本根論與認識論中加以闡述的。（註11）道大體上有兩個基本含義，一是指世界的本原，一是指最高的認識，前者是道的實體意義，即自然觀中的道，後者是道的認識論意義，即認識論中的道。（註12）

> 道既是世界的起源，又是萬物的根源，這說明在老莊那裡，道既有宇宙論的意義，又有本體論的意義。（註13）

問題是，本體論、宇宙論意義的道，若僅與認識論意義的道，接頭聯貫起來，會轉成獨斷論。因為莊子認定經由心知，根本無以認識「道」的全貌與真相。且〈齊物論〉所探究的「道」，不在透顯認識論的真理，而在反省認識論的侷限。故以〈齊物論〉通向〈大宗師〉，做為本體論或宇宙論意義的道，僅是想當然耳的設定一宇宙的本原，來做為萬物生成的總原理。故有如下的斷語：

> 他把自己虛構的無差別性賦予世界的本根，又反過來以本根的無差別性作為自己所追求的認識和修養的最高目標。（註14）

由此說道，不僅獨斷，抑且是循環論證了。又云：

> 莊子的道，是世界的根源和依據，道的主要特點是絕對性和無目的性，道是絕對化的構想的產物。……是超越物質世界的抽象的絕對的思想觀念，是絕

對化的觀念性實體。（註15）

經由認識論的進路，道是虛構的思想觀念，且是極為抽象的觀念。抽象觀念是心知的產物，可以普遍的認識萬物，卻不能生成萬物，觀念性實體再絕對化，也不能自本自根，生天生地。道不能解釋自己的存在，又如何解釋萬物的存在？

實則，莊子〈齊物論〉的用心，在通過「萬竅怒呺」的寓言，逼顯天籟，做為「眾竅是已」的地籟，與「比竹是已」的人籟的存有論基礎。萬籟「咸其自取」，皆從「怒者其誰」而來，所以地籟、人籟皆是天籟的彰顯，這是存有的同體肯定。此有如老子所云：「道大，天大，地大，人亦大。」（二十五章）道大，所以道生成的天地人，一體皆大。

有聲之聲的「吹萬不同」，由無聲之聲的「大塊噫氣」而來，有形之我的「百骸九竅六藏」在「吾誰與為親」的逼問間，證存無形之我的「真君」來。問題在，地籟有竅，人籟有形，一者「一受其成形，不亡以待盡」，二者「其形化，其心與之然」，無形之我的真君，會有心知的作用，執著自身的形，故「成形」而有彼是之分，「形化」而有死生之別，在「其心與之然」的心知構成中，本來只是分個彼此，卻把指稱的「是」，轉成評價的「是」，我是對的，跟我不同的彼是錯的，彼是之分遂成是非之別；而死生只是「形化」的不同樣態，卻轉成生是可喜，死是可悲之悅生惡死的好惡來。如是，是非之執與死生之惑，就此成了人生的兩大困苦。地籟之和與人籟之真，就此隱退不見。故云：

> 道惡乎隱而有真偽，言惡乎隱而有是非；道惡乎往而不存，言惡乎存而不可；道隱於小成，言隱於榮華。故有儒墨之是非，以是其所非，而非其所是。（〈齊物論〉）

這一段話，有三層意思，第一層是對現狀的反省，當「道」會有真假之分的時候，意謂「道」已隱退，當「言」會有是非之爭的時候，意謂「言」已退藏；而所以會有這樣的評斷，是依據第二層的意思，道何往而不存，言何存而不可，正面的說，是存有的同體肯定，道所往皆存，言所存皆可，這才是道的全貌真象，地籟之全與人籟之真，皆是天籟的道；第三層的意思，再探問是什麼導致大道的隱退與真言的退藏，關鍵在「道」的小成與「言」的榮華。而小成與榮華，都由心知的分別與構成而來，故云：

其分也，成也；其成也，毀也。（〈齊物論〉）

未成乎心而有是非，是今日適越而昔至也。（〈齊物論〉）

是非之彰也，道之所以虧；道之所以虧，愛之所以成。（〈齊物論〉）

本來，道所在皆存，言所存皆可，所以又說：「道未始有封，言未始有常。」（〈齊物論〉）不過，分別心所執著構成的是封界與定常，肯定了自己，卻抹殺了別人，儒墨的是非，就由此而來，儒自是而非墨，墨自是而非儒，大道隱退，體道的真言也不見了，且由是非轉向好惡，所以說愛之所以成。依莊子的反省，經由心知的認識，是毀了道的整全，是道的虧，也是道的隱，因為，心知認識有幾個限制，云：

物無非彼，物無非是。（〈齊物論〉）

是亦彼也，彼亦是也。（〈齊物論〉）

因是因非，因非因是。（〈齊物論〉）

彼亦一是非，此亦一是非。（〈齊物論〉）

是亦一無窮，非亦一無窮。（〈齊物論〉）

萬物的存在，都落在萬竅有形的相對中；而是非是相對而立，相因而成，互以對方為條件而成立；而這樣的是非，是各成一套，且是無窮無盡的紛擾爭端。故云：

與接為搆，日以心鬥。（〈齊物論〉）

其行盡如馳，莫之能止，不亦悲乎，終身役役，而不見其成功，薾然疲役，而不知其所歸，可不哀邪？人謂之不死奚益？（〈齊物論〉）

故莊子試圖在「儒墨之是非」的小成榮華間跳開，找到儒墨兩行之道，云：

彼是莫得其偶，謂之道樞，樞始得其環中，以應無窮。（〈齊物論〉）

欲是其所非，而非其所是，則莫若以明。（〈齊物論〉）

是以聖人不由，而照之於天。（〈齊物論〉）

聖人和之以是非，而休乎天鈞，是之謂兩行。（〈齊物論〉）

只有跳開彼是相對與自以為是的心知格局，站在道的樞紐，以天的清明，來觀照萬竅眾形的地籟、人籟，就可以照現大道真言的全貌真相。故云：

物固有所然，物固有所可；無物不然，無物不可。（〈齊物論〉）

物固有所然所可，是人籟之真，無物不然不可，是地籟之全與地籟之和。而照之於天的超越觀照，則奠基莫若以明的內在修養。故云：

故知止其所不知至矣。孰知不言之辯，不道之道，若有能知，此之謂天府。注焉而不滿，酌焉而不竭，而不知其所由來，此之謂葆光。（〈齊物論〉）

莫若以明，就是葆光，照之於天，就是天府。心知的執著構成解消，則心歸於虛靜清明，心靈虛靜有如天府奧藏，注入不會盈滿，酌出也不會枯竭，這樣深藏的光明，可以朗現不言之辯與不道之道，而此一最高理境的開顯，萬竅眾形的地籟、人籟，也就可以有一個依止停靠的終極之地了。

由是而言，〈齊物論〉正遮撥了通過心知而認識道的可能，所謂認識論意義的道，在此恐難證成。或許，經由修養論的工夫進程，由「知」進為「不知」，而「不知」才「能知」，此是照之於天，莫若以明的知，是天府葆光的知，道通為一的知，而不是因是因非的知，有成有毀的知，這樣的「知」，才能觀照生天生地的道，而不會是抽象化的、絕對化的觀念性實體。

此外，劉笑敢先生批判馮友蘭先生「道即全」而「全即無」的說法，把主觀的意境與世界的本根當成一事，混淆了道之兩種不同的基本意義。(註16) 倘若，道即全，是意謂天籟就在地籟之全中彰顯，而全即無，是意謂通過心的虛靈，而照現道的整全，則馮友蘭先生此一詮釋，自有洞見在，可惜的是，他把道的全說成主觀的意境，而不是存有論的意義，且全在無，又是邏輯的意義(註17) 而不是工夫論的意義，遂與〈齊物論〉的旨趣錯身而過。

〈大宗師〉的道是修養工夫體現的境界形態

劉笑敢先生依據「道常與言相提並論，不常與物對舉」(註18) 來分判〈齊物論〉的道是認識論意義而〈大宗師〉的道是宇宙論意義，實則，道與言並論對舉，旨在排除概念思辯去認識道的可能性。倘若，僅因「道隱於小成；言隱於榮華」；「是非之彰也，道之所以虧」連言對舉，即斷定道是認識論意義，那麼，老子開宗明義：「道可道，非常道；名可名，非常名。」(〈一章〉) 也成了認識論意義的道了嗎？「道生之，德畜之」（〈五十一章〉）的道，與「失道而後德」（〈三十八章〉）、「大道廢，有仁義」（〈十八章〉）的道，會有不同的意義嗎？道的失廢，道的虧隱，皆是人有心有知而失落虧損，道的自身，依舊「獨立不改，周行而不殆」（《老子・二十五章》），不改「道大」的本來面貌。

今引《莊子》內篇兩段話做一解析考察，云：

夫道有情有信，無為無形；可傳而不可受，可得而不可見；自本自根，未有天地自古以固存。

神鬼神帝，生天生地。在太極之先而不為高，在六極之下而不為深，先天地生而不為久，長於上古而不為老。（〈大宗師〉）

若有真宰，而特不得其朕。可行已信，而不見其形，有情而無形。（〈齊物論〉）

這兩段話，一論道，一論心，一是形上實體，一是生命主體，二者皆有情有信，無為無形，故可傳可得，卻不可受不可見。問題是，既無為無形，怎可能是有情有信，既不得其朕，怎能斷言可行已信？道的本身是無為無形，而道的作用卻有情有信。此中關鍵，在從「可行」的道的作用中，去獲致「已信」的道的實存。因為百骸九竅六藏，皆為臣妾，又不能遞相為君臣，就從生命現象的統一的「可行」中，去「已信」的論定「其有真君存焉」，再就自然現象的生天生地的神鬼神帝的「可行」中，去「已信」的論證「未有天地自古以固存」的道，這樣為天地萬物找到了存在的根源，誠然有本體宇宙論的意義（註19）。問題是，僅有形式的意義。故嚴復云：

> 自「夫道」以下數百言，皆頌歎道妙之詞，然是莊文最無內心處，不必深加研究。（註20）

劉笑敢先生據以論斷本體論或宇宙論意義的這一段話，確是內篇所僅見在生命主體之外客觀去論道的例外。倘若未有修養工夫去體現的話，將成理論的預設而已！故〈大宗師〉開宗明義即暢發「有真人而後有真知」的基本觀點，云：

> 知天之所為，知人之所為者至矣。知天之所為者，天而生也；知人之所為者，以其知之所知，以養其知之所不知。……庸詎知吾所謂天之非人乎，所謂人之非天乎，且有真人而後有真知。

這一段話，似乎直接回應〈齊物論〉「知止其所不知至矣」的說法，只是把義理拉開析論而已！此中有幾層意思可說：

1. 人格修養的最高理境，是既知天又知人。
2. 知天知人，從天之所為人之所為來知。
3. 天之所為在「天而生」，是天的生成作用。
4. 人是天生而有，是天生本真，故知天之所為，在知人之所為。
5. 問題在，如何知人之所為？天生本真的人，會因心知的執取陷溺，而失其真，故知人之所為，在消解人為造作的「知」，而回歸天生自然的「不知」，這就是心的修養工夫。
6. 知之所知是心知構成的分別心，是成心之知，知之所不知是照之於天，莫若以明的道心之知。
7. 不知是真人，真人有真知，是從天生本真去知天生本有，所知的是天。

簡約言之，從「可行」中獲知「已信」，有四個進程：

1. 至人在知天知人。

2. 知天在知人。

3. 知人在養心。

4. 養心在從知養到不知。

不知是葆光，也是天府，老子云：「知不知，上。」（〈七十一章〉）由知進為不知，是上等境界，不知一如不德不仁，「不」是化解超越的修養工夫。

修養論的展開，主要在「心齋」（〈人間世〉）與「坐忘」（〈大宗師〉），不過，馮友蘭先生把心齋的工夫排除在莊學之外，云：

> 〈人間世〉就不合乎莊子所以為莊者。〈人間世〉所講的心齋和〈大宗師〉所講的坐忘就不同。坐忘是合乎莊之所以為莊者，心齋就不合。（註21）

而做此判定的理由在：

> 心齋的方法是宋尹學派的方法。這種方法要求心中無知無欲，達到虛壹而靜

的情況。在這種情況，精氣就集中起來，這就是所謂唯道集虛。

去掉思慮和欲望，就是所謂的心齋。

坐忘的方法是靠否定知識中的一切分別，把它們都忘了，以達到一種心理上的混沌狀態，這是真正莊子學派的方法。（註22）

顯然，關鍵在「聽之以氣」與「唯道集虛」，所謂「精氣就集中起來」，如此解讀堪稱荒謬，悖離原典脈絡中的意義。氣是精氣，聽之以氣，豈不是將唯心主義思想的莊子，變成稷下黃老學派的唯物主義思想了？（註23）

今就莊子內篇所言的「氣」，來做一考察：

大塊噫氣，其名為風。（〈齊物論〉）

獸死不擇音，氣息茀然。（〈人間世〉）

陰陽之氣又沴（〈大宗師〉）

遊乎天地之一氣。（〈大宗師〉）

吾鄉示之以太沖莫朕，是殆見吾衡氣機也。（〈應帝王〉）

氣是天地一氣，陰陽二氣，是大塊吐出的氣息，是人物呼吸的氣息，甚至是在杜德機與善德機之間，又有又無二者平衡的生命氣象，皆未有宇宙生成論的意義。崔大華先生「構成萬物的基始——氣」的說法，主要依據在外、雜篇，如「通天下一氣耳」，出自〈知北遊〉，而「始乎陽，常卒乎陰」，雖出乎〈人間世〉，旨在解析「以巧鬥力」的出乎光明終歸陰暗的人為扭曲，而不是自然氣象的陽剛陰柔的功能作用。(註24)「氣」而有理論系統中的意義，端在〈人間世〉對儒門外王學問的深層反省：

且德厚信矼，未達人氣，名聞不爭，未達人心，而強以仁義繩墨之言，術暴人之前者，是以人惡有其美也，命之曰菑人。

以顏回德厚信誠與名聞不爭的修養，孔子仍判定「若殆往而刑耳」，問題出在「未達」，你在他的生命之外，則你身上所有的美德善行，皆反顯對方的不善不美，等同帶來災難的人，災人者人必反災之，所以內聖不一定可以外王，絕聖而後聖功全，達人心達人氣之道，就在心齋的修養工夫：

無聽之以耳，而聽之以心；無聽之以心，而聽之以氣。耳止於聽，心止於符，

氣也者，虛而待物者也。唯道集虛，虛者，心齋也。（〈人間世〉）

這一段話，正可以回應〈齊物論〉「萬竅怒呺」的存有肯定，天籟、地籟與人籟的自然美好，要如何聽聞擁有，且可與告子「不得於言，勿求於心；不得於心，勿求於氣」（《孟子・告子篇》）相互發明，由耳而心，由心而氣，與由言而心，由心而氣的功夫序列，可謂一致，不同在告子的氣是就自然生命說，莊子的氣卻專就無心說。耳止於聽，耳聽的功能在聽到外來的聲音，心止於符，心知的功能在執取物象而構成是非。前者被牽引而去，生命流落於外，後者執著於內，會自我責求也壓迫他人符合心知的標準，是所謂的「執而不化」與「胡可以及化」，「化」才能「達」。

莊子內篇言「化」者，亦少宇宙生成論的意義，如：

化而為鳥，其名為鵬。（〈逍遙遊〉）

此之謂物化。（〈齊物論〉）

命物之化，而守其宗也。（〈德充符〉）

浸假而化予之左臂以為雞，予因以求時夜；浸假而化予之右臂以為彈，予因以求鴞炙；浸假而化予之尻以為輪，以神為馬，予因而乘之，豈更駕哉！（〈大

宗師〉）

叱，避，無恒化。（〈大宗師〉）

若化為物，以待其所不知之化已乎，且方將化，惡知不化哉；方將不化，惡知已化哉！（〈大宗師〉）

萬物之所係，一化之所待乎？（〈大宗師〉）

安排而去化。（〈大宗師〉）

化貸萬物而民弗恃。（〈應帝王〉）

化有二義，一為人格修養的轉化，一為自然物象的變化（註25），然似未有崔大華先生所謂「萬物生成和存在的形式——化」的確切說明（註26），僅泛說一氣之化或萬物的變化，而未論及變化的規律或生成的過程。

人格修養的轉化，就是心靈做齋戒，把執著化掉。此中「聽之以心」，要由「無聽之以耳」來理解，「聽之以氣」也要由「無聽之以心」來理解。「無」是工夫的意義，依「有翼飛」與「無翼飛」，「有知知」與「無知知」的超越分解來看，「聽之以耳」是以「有耳聽」，「聽之以心」則是以「無耳聽」；「聽之以心」是以「有心聽」，「聽之以氣」則是以「無心聽」。這樣的理解，正合乎莊子自身「氣也者，虛而待物者也」與「虛者心齋也」的界定。

虛是無心，無心靜觀而萬物自得。虛而待物，可與「虛室生白」統合求解，虛室無心，照物等同生物，這是道家意義的生。而「唯道集虛」，亦可與「吉祥止止」對看分析，天道當然吉祥美好，集是眾鳥歸止，集虛等同止止，集於虛而止於止，依「惟止能止眾止」（〈德充符〉）來思考，惟虛能集眾虛，「唯道集虛」是說「道」唯在主體的虛靜觀照中開顯，無心照物，虛室生白，照現人籟之真，也奧藏地籟之全，與存全地籟之和，而天籟就在人籟之真與天地籟之和中開顯。(註27)

倘若「夫且不止，是之謂坐馳」，心不齋戒，心不虛靜，則雖坐猶馳，故要做「坐忘」的工夫。莊子云：

> 墮肢體，黜聰明，離形去知，同于大通，此謂坐忘。（〈大宗師〉）

墮肢體是離形，黜聰明是去知，與「心齋」比觀，無聽之以耳是離形，無聽之以心是去知，而聽之以氣之虛而待物，則是同于大通的坐忘境界。

依「其形化，其心與之然」（〈齊物論〉）來說，心知是心執著形。心在形中是人的存在處境，心與形不可分離，離形不是不要形體，去知也不是不要心靈，而是心靈不執著形體，從形體的放開說離形，從心靈的自在說去知，二者一體，故做工夫要一體並行，在離形中去知，在去知中離形，看似兩截，實則貫通為一。此如同聽之以心就要無聽之以耳，聽之以氣就要無聽之以心一般的同時展開。

由上述分析，可以澄清馮友蘭先生對〈人間世〉的疑慮，證成心齋與坐忘，皆是莊之所以為莊的修養工夫。

聽之以氣，可與老子所說的：「專氣致柔，能嬰兒乎」（〈十五章〉）做比較思考，老子另章云：「心使氣曰強。」（〈五十五章〉）物壯強行是不道早已，而強是心知介入氣，心知鼓動氣，故人生修養在心不使氣，心知退出，而氣回歸氣的自己，回歸氣的自然，就是專氣，心不干預不擾亂，氣自然柔和，一如嬰兒般的純真。莊子聽之以氣是老子的專氣，莊子的無聽之以心，就是老子的心不使氣。

所謂氣，不必解為精氣，反而失去道家本有的義理，唯道集虛，一如「德者，成和之修也」（〈德充符〉），可與老子的「道生之，德畜之」（〈五十一章〉）對看，看兩家論道說德，已有不同，老子強調道生德養的生成作用，莊子著重在集虛成和的人格修養，德行天真成於吾心虛靜平和的修養，天道就在主體生命的虛靜觀照中開顯臨現，何苦解為把精氣集中起來，反而不可理解。

我們不能為了解釋方便，而大刀闊斧砍掉莊子的「人間世」，那將失去人間修養的道場，沒有了人間艱苦與人間煙火的考驗試鍊，工夫論出不來，〈逍遙遊〉的生命境界，與〈齊物論〉的同體肯定，也就開不出來，且人生理境真的成了自欺欺人自我陶醉的幻想了。

縱貫橫講的境界形態

由生命主體的修養工夫，不管是心齋或坐忘，所體現開顯的道，不是縱貫縱講的實有形態，而是縱貫橫講的境界形態。牟宗三先生云：

> 道家也有道家式的存有論，它的形上學是境界形態的形而上學。境界形態是縱貫橫講，橫的一面寄託在工夫上，工夫是緯線。(註28)
>
> 主觀上的心境修養到什麼程度，所看到的一切東西都往上昇，就達到什麼程度，這就是境界。(註29)
>
> 道家實有層上實有這個概念是從主觀作用上的境界而透顯出來，或者說是透映出來，而置定在那裡以為客觀的實有，好像真有一個東西(本體)叫做「無」。其實這個置定根本是虛妄，是一個姿態。(註30)

劉笑敢先生所謂的認識論意義的道，是橫講的道，從人的主體去修證體現的道，而本體論或宇宙論意義的道，是縱貫的道，卻僅是無心虛靜的照現的理境姿態而已！橫講的道，體現開顯了縱貫的道，二者一體呈現，才是莊子思想中「道法自然」的全貌真相。這一方面，劉笑敢先生也有深入的體會，云：

莊子把體道當做最高的精神境界，又把體道當做最高的認識。……中國的古代哲學家，一般都認為認識方法與德行的修養是相依不離的，……甚或合而為一的。（註31）

此外，李澤厚先生也有獨到的見解，云：

他之所以講道、講天、講無為、講自然等等，如同他講那麼多的謬悠之說一樣，那麼多的寓言故事一樣，都只是為了突出地樹立一種理想人格的標本，所以他講的道，並不是自然本體，而是人的本體，他把人做為本體，提到宇宙高度來論說。也就是說，它提出的是人的本體存在與宇宙自然存在的同一

性。（註32）

而馮友蘭先生所說的：「主觀的意境，只是萬物的根本。」（註33）與牟宗三先生也有異曲同工的智解妙悟之處。

本文對現代莊學研究，做一回顧的總反省，而歸結到牟宗三先生的縱貫橫講，莊子的思想在這一詮釋系統之下，似乎可以得到較為真切而整體的安立。

註釋

註1：參見劉笑敢《莊子哲學及其演變》上編〈文獻疏正〉，頁三—九八。中國社會科學出版社，一九八八年二月第一版，北京。張恆壽《莊子新探》上編二至四章《莊子》內七篇、外篇及雜篇的考論，頁四八—三一五。湖北人民出版社，一九八三年九月第一版。

註2：參見任繼愈主編《中國哲學發展史・先秦篇》之〈莊周的唯物主義哲學〉及〈後期莊學的相對主義和唯心主義〉，頁三七九—四七二。

註3：參見北京大學哲學系中國哲學史教研室編寫之《中國哲學史》上冊〈老子的客觀唯心

主義〉與〈莊周的唯心主義和相對主義〉，頁九三—一二二，另頁九六云：「述莊派是莊子後學中的主流，是莊子後學的嫡系。」，中華書局，一九八二年二月二刷，北京。侯外廬主編之《中國思想通史》第一卷〈古代思想〉第九章〈莊子的主觀唯心主義〉頁三〇九—三三六，人民出版社，一九五七年三月第一版。一九八〇年二月第五次印刷，北京。

註4：錢穆先生《莊老通辨》持「莊前老後」說，云：「老子成書年代移後，置之於莊子公孫龍與荀卿韓非之間，則自孔墨以下，戰國兩百年思想展衍，有一條貫，可以重整。」頁五九，新亞研究所，民國四十六年十月初版，香港九龍。而任繼愈主編之《中國哲學發展史．先秦篇》有云：「以外、雜篇代表莊子思想，以內篇代表後期莊學思想是比較接近事實真相的。」頁三八六。本文不採取上述兩家之說法。

註5：《莊子哲學及其演變》頁一二一云：「以道為全的根本失誤在於把〈齊物論〉中認識論的道，與〈大宗師〉中自然觀的道合起來，混為一談，把最高的認識與世界的本根當成一事，誤以最高認識之道同時就是生天生地的道。把這個兩個不同範疇的概念混為一談，這就無法自圓其說了。」頁一二二云：「有的學者認為『老子之道有客觀性、實體性及實現性，至少亦有此姿態，而莊子則對此三性一起消化而泯之，純為主觀之境界。故老子之道為實有形態，或至少具備實有形態之姿態，而莊子則純為境界型態。』這種觀點強調莊子之道有別於老子之義，忽視了莊子之道相同於老子之義，把認識論

之道的主觀境界之義當成了道的全部意義。《莊子‧大宗師》關於道的『生天生地』的一段話句句確鑿，字字意明，是我們無論如何也無法迴避的。莊子以道為本根的觀點是不能忽視的。」這兩段論述，先後批判馮友蘭的「道即全」之說，與牟宗三「境界型態」的論斷。

註6：參見崔大華《莊學研究》，頁一〇六、一一〇與一一八，人民出版社，一九九二年十一月第一版，北京。

註7：參見劉笑敢《莊子哲學及其演變》頁一一六，崔大華《莊學研究》，頁一五六與一六一。

註8：參見侯外廬主編《中國思想通史》第一冊頁三二七。

註9：參見馮友蘭《中國哲學史新編》第二冊，頁一二六，藍燈文化公司，民國八十年十二月初版，台北。及氏著《中國哲學史論文二集》頁三〇三及三三九，上海人民出版社，一九六二年一月，上海。

註10：參見牟宗三《中國哲學十九講》第六講〈玄理系統的性格——縱貫橫講〉，頁一一一，學生書局，民國七十二年十月初版，台北。

註11：《莊子哲學及其演變》頁一一九。

註12：前引書頁一〇三。

註13：前引書頁一〇五。

註14：前引書頁一〇八。

註15：前引書頁一一〇。

註16：前引書頁一一九。

註17：馮友蘭《中國哲學史論文二集》頁三三二云：「道是一切事物的全，可是這個全是無事物，因為一有事物，就是偏而不全了。」

註18：《莊子哲學及其演變》頁一一四。

註19：崔大華《莊學研究》頁一二四云：「所以，真君真不是感知的對象，甚至『如求得其情與不得，無益損乎其真』，即使不見顯現的事實，也可斷定真君真實是存在的。」

註20：引自陳鼓應《莊子今註今譯》上冊頁二〇一，商務印書館，民國七十年十一月五版，台北。

註21：《中國哲學史論文二集》頁三一〇。

註22：前引書頁二九五至二九六，然《中國哲學史新編》第二冊頁一三八云：「這是〈內業〉、〈白心〉等篇的方法。」他有一新的發現云：「《管子》、〈白心〉等四篇，與〈天下篇〉所說的宋尹思想不合。」《中國哲學史論文二集》頁二九〇。

註23：《中國哲學史新編》第二冊頁一三七。

註24：《莊學研究》頁一〇七。

註25：劉笑敢《莊子哲學及其演變》頁一七三云：「物化即萬物之變化。……一切事物皆在變化之中，變化的結果是無法認識的，夢醒也是物化，所以夢醒之分也是不可知的。」

此說混淆了人格轉化與物象變化的不同意義。

註26：前引書頁一一〇——一一七。

註27：劉笑敢先生在《莊子哲學及其演變》頁一七五云：「『唯道集虛』即得道方能虛靜，亦即達到虛靜的心境。」此解反不如他所批評的郭象注了。郭象注此句云：「虛其心則至道集於懷也。」較切近莊子原典脈絡中的意義。

註28：《中國哲學十九講》頁一二一，學生書局，民國七十二年十月初版。

註29：前引書頁一三〇。

註30：前引書頁一三一——一三二。

註31：《莊子哲學及其演變》頁一七六。

註32：《中國古代思想史論》頁一八五。人民出版社，一九八五年二月第一版，北京。

註33：《中國哲學史論文二集》頁三三四。

6

道家思想的倫理空間
論莊子「命」、「義」的觀念

人倫理序的價值自覺

所謂「倫理」，是安立人際關係的差等理序。人與人之間，遠近的差等關係是「倫」，對等的親疏態度是「理」，由血緣的遠近決定情意的親疏，遠則疏，近則親，親近而疏遠，此一人倫理序，稱之為「倫理」。

《中庸》云：「君臣也，父子也，夫婦也，昆弟也，朋友之交也。」（註1）是為五倫；孟子云：「父子有親，君臣有義，夫婦有別，長幼有序，朋友有信。」（註2）則為五倫中的理序。

《論語》有云：「君君臣臣，父父子子。」（註3）孔子在禮樂崩壞的年代，試圖定住國之君臣與家之父子的名分，以重建人倫理序。名位是倫，盡分是理，且周王朝君臣上下本為父子兄弟，君臣上下失序，導因於父子兄弟失和，故以父父子子，救君君臣臣，而父子兄弟之間，首重孝弟，故云：「孝弟也者，其為仁之本與！」（註4）孔子將源自血緣親情的孝弟，找到了仁心的根基，孟子更進一步，為父子、君臣兩大倫，建立了人性的超越根據，云：「親親，仁也；敬長，義也。」（註5）而「君子所性，仁義禮智根於心」（註6）。如是，親情與道義，不止是人倫理序的社會規範，且是善端良知的價值自覺。

父子兄弟是家族親情，君臣朋友是天下道義，天生本有的親情是天倫，人間遇合的道義是人倫，天倫不可離而人倫可離，夫婦擺盪在親情與道義之間，可離與不可離之間。老傳統以倫常禮教的人文化成，來護住人倫理序，而倫常禮教僵化吃人，進入現代社會已維繫不住，沒有教養，沒有禮數，堪稱無法無天，父子兩代斷隔，夫婦兩性抗爭，朋友疏離，而社會冷漠，家國天下的認同，亦成問題。重振「中學為用」的教化功能，才是整治導正的藥方，問題在，如何避開君父思想，與大男人主義的質疑，而被當代中國人普遍接受呢？

本文試圖透過道家虛無智慧的開發，來給出儒家人倫理序的存活空間，化解倫常禮教的負面效應，而保存人倫理序的正面功能。

道法自然與道隱無名的倫理空間

儒家的人文化成之道，安放在「必也正名乎」（註7）的人倫理序中，以主體生命為核心，往外輻射而構成的人際關係網絡，由血緣遠近的位階排名，來決定親疏的差等理序。對道家而言，「道行之而成，物謂之而然」（註8），人生所走的道路，與生命的價值內涵，是一體不可分的，我做了什麼，我才是什麼，行道而後然物，人文化成的人生道路是可道，人倫理序的價值內涵是可名，是知善知美的心知執著。

《莊子•齊物論》有所謂的「八德」，其一是「有倫有義」（註9），有人際關係的倫，就有應世態度的義，這是吾心對自家生命的執著而起的分別，此如〈應帝王〉所說的「以己出經式義度」，而判之為「欺德也」（註10），屬於負面的意義。帝王家以自身為範本，來規定行為的法式與價值的量度，有如天經地義般，責求天下人聽從遵行。此「以己出」的倫義經義對天下人而言，卻是「治外乎」，本質上是外鑠我也的生命斲傷，傷損了人的天真本德，「仁義之端，是非之塗，樊然殽亂」（註11），無異是「黥女以仁義，劓女以是非」（註12）了。

老子云：「何謂貴大患若身？吾所以有大患者，為吾有身，及吾無身，吾有何患！」（註13）有身是有自己，心執著自身做為價值的基準標竿，由自家血緣的關係遠近，來決定其人的親疏貴賤。老子試圖打破此一貴身的標準，故云：「不可得而親，不可得而疏；不可得而利，不可得而害；不可得而貴，不可得而賤；故為天下貴。」超乎親疏、利害、貴賤的執著分別，就是所謂的「玄同」（註14）。真正的尊貴在人的天生本真，人間的寵與貴，皆是「寵辱若驚」，因為貴身所以成為大患，就在尊貴自身而想得到天下人的恩寵，注定是屈辱，不論得失皆在人不在己，終究迫使自家受困在患得患失的驚恐不定中。

《莊子．德充符》有一段寓言，說母豬死了，擠在身邊吃奶的小豬，突然間驚嚇而走，因為牠們再也看不到媽媽眼神中的自己了。「所愛其母者，非愛其形也，愛使其形者也」（註15），人際關係的序位排名，是由形軀生命的遠近所定出的親疏的排行榜，生我的父母，我所生的子女最親，同根生的兄弟姊妹其次。實則，越過「其形」的侷限，而進入「使其形」的層次，人人的真君皆尊貴天真，沒有親疏貴賤、遠近利害的分別，是為「道通為一」（註16）或「同於大通」（註17）。

老莊對儒家倫理價值源頭的仁，有深刻的反思與批判。老子說：「失德而後仁。」（註18）莊子說：「仁常而不成。」（註19）仁是人文有心，德是自然無心，仁常是有心有名的分別，「其分也，成也；其成也，毀也。」（註20）也就是「道之所以虧，愛之所以成」（註21）。執著分別是名，莊子云：「德蕩乎名，知出乎爭。」名號的分別出乎心知的執著，「名也者，相軋也，知也者，爭之器也。」（註22）心知名號是人間世相軋爭逐的利器。師心好名，執而不化，就算是堯，亦「南面而不釋然」（註23），因執著分別是困苦，也是負累。

此老子云：「始制有名，名亦既有，夫亦將知止，知止可以不殆。」（註24）名位不同，禮亦異數，而名號禮數是人為制作，非自然本有，對天真本德而言，總是桎梏。

然名號本由實質而來，卻逐步走離質樸，且獨立出來，而成空名，可以標榜營造，虛名就此取代真實。所以，莊子云：「為善無近名，為惡無近刑。」（註25）善惡的分別是名，分別所帶出來的爭逐是刑，刑已傷害了生命的本真，故只有超離在善惡之上，才能找回生命的質樸天真，知止是名號止於實在，人文止於原初本有的自然。

人文化成與人倫理序的有心有為，僅是可道可名，道法自然與道隱無名的無心無為，才是常道常名。儒家的仁心自覺，第一道德是孝，道家「天地不仁」、「聖人不仁」的無心自然，第一道德是「我有三寶」的「一曰慈」（註26）。實則，老子又云：「絕仁棄義，民復孝慈。」（註27）此透顯一重大的訊息，老子並不在實有層上反對儒家的仁心德行，而是在作用層上，通過不仁、絕棄的化解工夫，道法自然又道隱無名，讓德行從名號的桎梏中解放出來，而回歸自然的真實。

老子云：「上德不德，是以有德。」（註28）莊子亦云：「大道不稱，……大仁不仁。」（註29）此中的不道（稱）、不德、不仁，皆是作用層的化解工夫，且在化解中超越，而成全實有層上更真常的道，更崇高的德，與更開闊的仁。

從「絕聖而後聖功全，棄德而後仁德厚」（註30）之作用的保存，從「有生於無」的實現原理來看，道家思想的虛無智慧，正可以給出儒家倫理的存活空間。此如《莊子・養生主》「庖丁解牛」的寓言，牛體結構等同人際關係網的複雜而微妙，不過牛體既結構而成，總有空隙，解開牛體的糾結之方，卻在解開自我的執著，以自我無厚之刀刃，透入天下有間之牛體，則「恢恢乎其於遊刃，必有餘地矣」（註31），此一餘地正如閒情，是從無心無名釋放而出的倫理空間，吾人就可以「修行無有」，遊方內於方外的自在自得了。（註32）

不可解的「命」與無所逃的「義」

人生是自我走入天下，自我有限而天下複雜，莊子說「天下有大戒二」，意謂人間行走，有兩大難關，云：

其一命也，其一義也。子之愛親，命也，不可解於心；臣之事君，義也，無適而非君，無所逃於天地之間。是之謂大戒。（註33）

自我是命，天下是義，命是天生本有，義是人間遇合。前者是家族親人間的天倫，後者是天下人間的人倫，故命不可離，而義則可離。

本來，「吾生也有涯」是命，「而知也無涯」是義，前者是天生的真實，後者卻屬人為的造作。莊子對生命困苦的省思，不重在「一受其成形，不亡以待盡」的形軀命限，而重在「其形化，其心與之然」（註34）的心知困擾，故不以父母生成的才氣說命，反而以「子之愛親」來界定命，沒有兒女不在父母的愛中成長，故子之愛親堪稱與生俱來，且深植於心，是心的自我認取，當然是不可解，也是解不開的。

在子之愛親的命限之外，還得面對人與人間是是非非的義。人間正義，是君上主宰，臣下僅能依據義度行事。不論臣下是何等身分，在何處落腳，總有君上的義等在那裡，反正都改變不了臣之事君的格局，當真是天地雖大，何處不是君，有如天羅地網，那是無所逃，也是逃不掉的。

天生本有的不可解，與人間遇合的無所逃，就人生的困苦而言，卻老是牽連纏結，難以分開，莊子云：

> 死生存亡，窮達貧富，賢與不肖，毀譽饑渴寒暑，是事之變，命之行也。日夜相代乎前，而知不能規乎其始者也。（註35）

> 知人之死生存亡，禍福壽夭，期以歲月旬日若神。（註36）

吾思夫使我至此極者而弗得也。父母豈欲吾貧哉?天無私覆,地無私載,天地豈私貧我哉?求其為之者而不得也,然而至此極者,命也夫!(註37)

遊於羿之彀中,中央者,中地也,然而不中者,命也。(註38)

死生存亡與賢不肖,是天生本有的命之行,而窮達貧富,禍福壽夭毀譽,包括挨饑受凍,是人間遇合的事之變。不過,命之行離不開事之變,二者重疊交錯,且不分日夜圍繞在吾人生命的周遭,故神巫季咸相命,將本屬事之變的禍福壽夭,也劃歸在死生存亡的命之行中一體論斷。而子桑貧病,直呼父母天地,然既不是父母生成,又不是天地造化,求其為之者而不得,而心又不能窮究源始,不能問人間合理嗎?社會正義何在?反正無所逃,一概歸之於不可解的命。

且投身在人間名利權勢的角逐,有如遊於羿之彀中,后羿神射,靶心中央是必中之地,依人間遇合的義而言,受傷是必然的,若有例外,反而悖離了無所逃的義,故莊子弔詭的說,那是幸運命大。

原來,無所逃等同不可解,義也是命,天地間事具在吾心,這一「命」感,有如千鈞之重,直壓在千百年中國人的心頭。莊子就在無所逃間,以不可解來自我釋放。

云：

不足以滑和，不可入於靈府，使之和豫通而不失於兑，使日夜無隙，而與物為春，是接而生時乎心者也，是之謂才全。（註39）

才全是存全天真，有如庖丁解牛，牛體複雜，而刀刃無厚，所解數千牛，而刀刃若新發於硎，關鍵在，無心無執著，無我無厚度，不求解，不想逃，心沒有期待，也沒有壓力，永保此心的虛靜空靈，不僅無傷天真，且與萬物交接，而心生春意生趣，生命和悅流通，而無間隔。而此「才全」的境界，本自「德不形」的工夫。云：

德者，成和之修也；德不形者，物不能離也。（註40）

才全之德，成於心和的修養，而心和的修養來自德不形。德不形於外，不與物相刃相靡，而內斂涵藏，如庖丁善刀而藏之，且惟止能止眾止，自家不會成為災人，反而會散發驚人的魅力。如王駘與夫子中分魯，哀駘它使哀公傳國讓位，惟恐不受，王駘、哀駘它的形不全，猶如德不形，留缺口讓別人進來，給餘地讓別人有藏身的空間，在事之變與命之行間，亦可有人之形而無人之情，是非不得於身，而獨成其天。

通過人生兩大難關，認同不可解的命，較為容易，接受無所逃的義，遠為困難。莊子的妙道在，把人間遇合的義，當做天生本有的命吧！把後天的不公正，視同天生的不平等吧！以命來包容義，以不可解來化解無所逃。云：

是以夫事其親者，不擇地而安之，孝之至也；夫事其君者，不擇事而安之，忠之盛也。自事其心者，哀樂不易施乎前，知其不可奈何，而安之若命，德之至也。為人臣子者，固有所不得已，行事之情而忘其身，夫子其行可矣！（註41）

此與儒家言父子之親的仁，與君臣之道的義，在義理詮表上大異其趣。孟子云：

無惻隱之心，非人也；無羞惡之心，非人也。……惻隱之心，仁之端也；羞惡之心，義之端也。（註42）

口之於味也，目之於色也，耳之於聲也，鼻之於臭也，四肢之於安佚也，性也，有命焉，君子不謂性也；仁之於父子也，義之於君臣也，禮之於賓主也，智之於賢者也，聖人之於天道也，命也，有性焉，君子不謂命也。(註43)

殀壽不貳，修身以俟之，所以立命也。(註44)

盡其道而死者，正命也；桎梏而死者，非正命也。(註45)

有生有死是天生的命，故壽命長短不貳其心，不過，人要修養自身以挺立生命的價值，一樣的死，盡道是正命，桎梏則非正命。對死生存亡的命之行，孟子不放在心上，此與莊子的不可解於心，意涵頗近；對窮達壽夭的事之變，孟子不說無所逃，反而以修身盡道來翻轉超越，因為儒家有心，志在承擔理想，道家無心，重在解開負累。

而仁義本心的善端良知，也是與生俱來的命限，是吾心之所不容已，父子之間，總是親親之仁，君臣之間，總是敬長之義。此天生而有，有如「天刑」一般，也是不可解，但不是解不開，而是不該解，解了就是非人也；它也是無所逃，義總在心裡，不是逃不掉，而是不該逃，逃了就成禽獸也。且仁心義理，知善擇善，直道而行。所以莊子藉由叔山無趾踵見仲尼的寓言中，批判了孔子救人救世的心懷，也給出了同情的了解，代表儒道間的和解，云：「天刑之，安可解？」（註46）在解不開的背後，涵藏不必解又何須解的尊重包容。

專就君臣之義而言，儒家是吾心之所不容已，道家卻是君命的有所不得已，知其無可奈何，即無所逃，也就不必逃，雖云「夫子其行可矣」，卻不是直道而行，而是逃不開君命的不得已。

不管是不可解，還是無所逃，不論是吾心，還是天地間，總是不得已，你不能讓它停下來，你也不能終結它，只得往「自事其心」的路上走，用工夫修養來化解，無心不擇，不擇地不擇事，不求安而安，是為孝之至與忠之盛，且安義若命，免於朝受命而夕飲冰的憂心內熱，不求安而皆安，是為德之至。

反觀孟子的說法，仁義雖是天生的命限，卻是吾心所不容已的道德擔當，所以君子不說是命，而說是性；而耳目官能的形軀生命，雖也是天生而有的本性，卻有時而窮，沒有價值的開展性，所以君子不說是性，而說是命。此將父子之仁與君臣之義，從「命」限的層次，提升至「性」理的層次。莊子卻把愛親之仁與事君之義，下降至「命」限的層次，反正心裡不能不認它，天地間不能避開它，不安也安，認命而已！

儒家本心德性自覺修行的父子君臣兩大倫，在二者皆命的說解下，解開了「德性心」的重負，用心若鏡，而虛空生白，吉祥止止，命義依然，不解不逃，倫理空間就此透顯出來了。

修行無有——君父威權的自我解消

說莊子將儒家倫理的父子之親與君臣之義，下降至「命」限的層次，實則，此是「自事其心」的修養，工夫在心上做，無心不擇，不擇地不擇事，不求安的安，解消了不可解與無所逃的不得已與無奈何。

人間世的「命」、「義」兩大戒，到了〈大宗師〉有了超拔飛越的理念突破，云：

死生，命也，其有夜旦之常，天也。人之有所不得與，皆物之情也。彼特以天為父，而身猶愛之，而況其卓乎；人特以有君之愈乎己，而身猶死之，而況其真乎！（註47）

有生有死是命，有晝有夜也是命，皆天生自然，人離不開自我的死生之命，與天地間夜旦之常的命，二者皆不是人力所得參與或扭轉，有如君命的不得已，皆屬存在的真實處境。

有生有死的命由父來，夜旦之常的命從天來，父生我猶如天生人，故以父為天(註48)，而身猶愛之，何況是遠在「父」之上的天道呢？君上為萬民做主的義，總比此身孤立的命，價值上超過甚多，故身猶死之，何況是遠在「君」之上的真君呢？(註49)如是，子之愛親的「命」，與臣之事君的「義」，不可解於心的父權，與無所逃於天地之間的君權，在此得到了超越的解放。本來，命不可解而義無所逃，父子君臣兩大倫，豈非有如打入天牢般的牢不可破嗎？莊子開拓了卓於「父」的天道，真於「君」的真君之形上天地，給出了精神無待的自在空間，如是不可解也不必解，無所逃也不必逃了。云：

夫乘物以遊心，託不得已以養中，至矣，何作為報也。(註50)

夫藏舟於壑，藏山於澤，謂之固矣，然而夜半有力者，負之而走，昧者不知也。

藏小大有宜，猶有所遯，若夫藏天下於天下，而不得所遯，是恆物之大情也。

……遊於物之所不得遯而皆存。(註51)

此心寄居物中，也寄身天地間，誠屬不得已，物是形軀生命的命限，夜半有力者負之而走，是造化的遷移，有生有死的命在造化遷移間，是藏不住的，這是生命存在的永恆困境，不得已也藏不住，吾心虛靜以觀照天下，藏不住又何須藏，藏天下於天下，也就可以遊心自得了。

〈齊物論〉有一段寓言，堯「南面而不釋然」，因為三小國在禮樂教化之外，不免心中有憾，成了自己的負擔，故欲征伐三小國，舜的回應是三小國地處邊陲，有如蓬蒿艾草般，「若不釋然，何哉！」你的負擔來自心的執著，為什麼不放開它們，給它們自在的空間呢！（註52）

道家在此有一根本的反省，庖丁解牛之道在刀刃無厚，堯平天下之道在南面釋然，而聖智治國之道在絕聖棄智，不論是父是君，是生育兒女，還是主宰百姓的「為」，都是德行，有德行該當有福報，故恃為己恩，而責求等待回報，故我所生當該歸我所有，我所長當該由我主宰，愛由我所給，恩當該為我所恃，這是世俗人情「生而有」、「為而恃」、「長而宰」的普遍寫照。本來，倫理是完成人與人間相互的愛與成長，未料，愛的付出與恩的回報，形成了人際關係的失衡，為人臣子者的不得已，就在生我長我的「為」，是恩是愛，君父付出而臣子虧欠，君父恃為己恩，就抓住了「有」與「宰」的特權，恩愛的優越，成了絕對的權威，倫理轉為綱常，恩愛轉成宰制天下的護符。

此老子有云：

生而不有，為而不恃，長而不宰，是謂玄德。（註53）

上德不德，是以有德。（註54）

生、為、長是德，不有、不恃、不宰是不德，不以德為德，放開德行的執著，就可以解開福報的負累，在自我釋放中，釋放天下，解開了親人友朋間的困窘與束縛，彼此回歸自家的天真，人人自在自得，這才是真正的有德，有如天道的玄德。

老莊思想並沒有終結倫理，顛覆禮教的意圖，而在給出自在無待的空間。莊子云：「以刑為體，以禮為翼，以知為時，以德為循。」（註55）人生在世，此身有限，而人間複雜，化解處世之道，端在無心放開，自在天真，就在以禮為翼中以德為循，在倫理禮制間，不失本德天真。

〈大宗師〉孔子與隱者的一段寓言，子桑戶死，孔子派子貢前往治喪，未料，孟子反，子琴張正編曲鼓琴，還相和而歌，子貢逼問：「臨尸而歌，禮乎？」兩人相視而笑。答曰：「是惡知禮意！」子貢不知所以，孔子的解釋是隱者遊於方外，而儒者遊於方內，各有所遊，而「外內不相及」。子貢問：「然則，夫子何方之依？」孔子答以：「丘天之戮民也，雖然，吾與女共之。」此猶如「天刑之，安可解」，既自承天生勞累人，當然無可選擇，還是遊於方內，重點在「遊」又如何可能？答案在相忘。魚相造乎水，穿池而養給，人相造乎道，無事而生定，所以魚相忘於江湖，人相忘於道術。（註56）

禮制是方內，禮意是方外，方外之人，「畸於人而侔於天」（註57），超離禮制，而直上禮意，二者已不是內外是否相及的問題，而是上下可否貫通的問題。有了禮意的源頭活水，禮制就不會僵化而活轉回來。方內方外皆道術，由不相及而相忘，彼此無事而生命自定，隱者遊於方外，儒者遊於方內，內外皆安，而方內可遊，則方內一如方外，在倫理禮教間來去自如，仍有空間閒情，可以遊刃有餘。故云：「入遊其樊，無感其名。」（註58）倫理禮制皆名，也是人我分際的藩籬，不必拆除，無心可遊。又云：

其好之也一，其弗好之也一；其一也一，其不一也一；其一與天為徒，其不一與人為徒，天與人不相勝也，是之謂真人。（註59）

方內與人為徒，方外與天為徒，其一與天為徒，其不一與人為徒，而不一也一，與人為徒猶如與天為徒，遊方內猶如遊方外，方內方外一體可遊，此為莊子身處人間世兩大戒的自我釋放，也釋放天下的空靈智慧。

此等方外高人，正是所謂的「修行無有」，所修所行皆在把禮制不一的「有」化掉，〈人間世〉孔子告誡顏回想救人終成災人的兩難困境：「有而為之，其易也！」（註60）問題不在「有」什麼妙方可以救人，癥結在「有」的本身，這一「有」的執著，永遠是人我之間的障隔，所謂救人，實則傷人，是以我的「有」強加在天下人的身上，此無異是災難，故救人反成災人，而災人者人必反災之，救人不成，反受其害，豈不冤哉枉也！老子云：

善行無轍迹，善言無瑕讁，善數不用籌策。善閉無關楗而不可開，善結無繩約而不可解。是以聖人常善救人，故無棄人，常善救物，故無棄物。（註61）

善閉如同「子之愛親」的命，善結如同「臣之事君」的義，前者保護自我，後者結交天下，問題在，保護自我若以關楗為之，形同自閉，結交天下若以繩約為之，轉成死結。所謂的「善」，在「無」的自我釋放，無關楗無繩約，不閉不結，當然是不可開不可解，純任自然也無須開無須解。常善救人常善救物，是以人人本有的善，人人天生的德，去救他自己，不也無須救，無棄人了嗎？

儒家有心是「仁者安仁」，道家無心是「知者利仁」，「有之以為利」端在「無之以為用」，以「無」來化解「有」，以化解的作用來保存倫理的實有，化解給出心靈的空間，倫理就不會是吃人的禮教了。

一體皆大、同步求新的新倫理

老子論為政治國之道，有「正復為奇，善復為妖」的批判，說「人之迷其日固久」(註62)，仁義有心是善德，聖智有為是正道，正道的標榜責求，會逼出奇變的造作因應，如是，原本的善德，在仿冒作假的營造中，反而成了妖惡罪過，這真是禮教吃人的最好詮釋。

倘若，父子之親，夫婦之情與君臣之義，仍堅持以禮教權威的姿態出現，而「未達人心，未達人氣」(註63)，仍難逃救人災人，愛人害人的窠臼陷阱，且無力救出父子兩代斷隔，夫婦兩性抗爭，人民不認同本土文化的當代病痛。

在三世因果成了顯學主流的當代街頭，吾人當以三代傳承來消化三世因果，了前生在孝敬父母，修來生在教養兒女，在新女性反抗大男人的時代課題，吾人當以「一體皆大」與「同步求新」的新倫理，來扭轉大男人碰上小女子，與新女性面對舊男性的尷尬困局，男女皆大同新，讓人間是好男好女的組合，「天下造端乎夫婦」，有新格局的夫婦，才會有新氣象的兒女，父子兄弟穩住了，君臣朋友才會導向正軌。

在此新舊倫理轉接的關鍵時刻，人倫還是常道，或許通過道家的無心無為，可以化解君父威權與大男人主義的疑慮，來開發道法自然的自在天地，而給出無待自得的倫理空間了。

註釋

註1：二十章。《四書章句集註》頁二八，朱熹，鵝湖出版社，七十三年九月初版，台北。

註2：〈滕文公上〉。前引書頁二五九。

註3：〈顏淵篇〉。前引書頁一三六。

註4：〈學而篇〉。前引書頁四八。

註5：〈盡心上〉。前引書頁三五三。

註6：〈盡心上〉。前引書頁三五五。

註7：〈子路篇〉。前引書頁一四二。

註8：《莊子・齊物論》。《南華真經正義》頁二四至二五，陳壽昌，新天地書局，六十一年十一月初版，台北。

註9：前引書頁三二。

註10：前引書頁一一八。

註11：《莊子・齊物論》。前引書頁三六。

註12：《莊子・大宗師》。前引書頁一一二。

註13：〈十三章〉。《老子王弼注校譯》頁二九。樓宇烈，華正書局，七十年九月初版，台北。

註14：五十六章。前引書頁一四八至一四九。

註15：《南華真經正義》頁八三。

註16：《莊子・齊物論》。前引書頁二五。

註17：《莊子・大宗師》。前引書頁一一四。

註18：〈三十八章〉。《老子王弼注校譯》頁九三。

註19：〈齊物論〉。《南華真經正義》頁三三。

註20：〈齊物論〉。前引書頁二五。

註21：〈齊物論〉。前引書頁二七。

註22：〈人間世〉。前引書頁五二。
註23：〈齊物論〉。前引書頁三四。
註24：〈三十二章〉。《老子王弼注校譯》頁八二。
註25：〈養生主〉。《南華真經正義》頁四五。
註26：〈六十七章〉。《老子王弼注校譯》頁一七〇。
註27：〈十九章〉。前引書頁四五。
註28：〈三十八章〉。前引書頁九三。
註29：〈齊物論〉。《南華真經正義》頁三二至三三。
註30：《老子微旨例略》頁第七後半，王弼，藝文印書館，四十五年六月初版，台北。
註31：《南華真經正義》頁四七。
註32：〈大宗師〉。前引書頁一〇七至一〇八。
註33：前引書頁六〇。
註34：〈齊物論〉。前引書頁二〇。
註35：〈德充符〉。前引書頁八四。
註36：〈應帝王〉。前引書頁一二一。
註37：〈大宗師〉。前引書頁一一五。
註38：〈德充符〉。前引書頁七九。

註39：〈德充符〉。前引書頁八四至八五。
註40：同前註。
註41：〈人間世〉。前引書頁六〇至六一。
註42：〈公孫丑上〉。《四書章句集註》頁二三七至二三八。
註43：〈盡心下〉。前引書頁三六九。
註44：〈盡心上〉。前引書頁三四九。
註45：〈盡心上〉。前引書頁三五〇。
註46：〈德充符〉。《南華真經正義》頁八一。
註47：前引書頁九六至九七。
註48：《莊子南華經解》頁一四七云：「倒裝句法，言人以父生我，而戴之為天也。」宣穎，藝文印書館。六十二年出版，台北。
註49：《莊子・齊物論》云：「其有真君存焉！」前引書頁一九。
註50：〈人間世〉。前引書頁六三。
註51：〈大宗師〉。前引書頁九七至九八。
註52：同註23。
註53：〈十章〉。《老子王弼注校譯》頁二四。
註54：同註28。

註55：〈大宗師〉。《南華真經正義》頁九五。

註56：前引書頁一〇七至一〇九。

註57：前引書頁一〇九。

註58：〈人間世〉。前引書頁五七。

註59：〈大宗世〉。前引書頁九五至九六。

註60：〈人間世〉。前引書頁五六。

註61：〈二七章〉。《老子王弼注校譯》頁七一。

註62：〈五十八章〉。前引書頁一五二。

註63：《莊子・人間世》。《南華真經正義》頁五二。

莊子「齊物」論儒墨「兩行」之道

前言

人活在世界上，總要有「家」可以歸去。當代人的病痛，就在流落街頭，無家可歸。

吾人試想，幾千年文化傳統的家，已然崩壞；成長歷程中童年鄉土的家，又已遠離；家常日常的親情倫理的家，也在毀壞中，人生就此失落了安身立命的根土。如是，心靈的家乃成了生命存在的最後據點。倘若，這一心靈方寸之地，亦告沉淪，那等同失去了全世界，人生真的注定要天涯行腳、人海漂泊了。

心靈的家，本是人格修養與宗教信仰的根源之地；形而上之路，在此發動起步。問題是，進駐心靈的各大教派，皆自成一家，且是終極的惟一，現代人在厭倦了文明的街頭與名利的爭逐之餘，轉而尋求心靈的歸鄉，卻面對了教派間的紛擾，反而形成了生命的大困惑。

當宗教信仰成了時髦新潮，率先在街頭流行，在電視亮相，有如商業廣告，直似政治獻金，而說是普渡眾生，功德無量，此已走在工商社會的最前端；狀似熱烈，實則空虛，一波又一波的，自身都穩不住，又如何給當代人一個安身立命的家呢？

人總是要回家的，當「家」的本身都安立不住，那麼人的存在基礎就發生了動搖。或許，莊子〈齊物論〉所開發出來的儒墨兩行之道，可以給出當代社會化解紛擾，疏導困惑的智慧吧！

物論不能取消，也不能統一的兩難困局

人的存在處境，莊子〈養生主〉開宗明義即云：

吾生也有涯，而知也無涯。

一者此身有限，我只是我，不可能是別人，且此生百年，終會老去，所以，人要走離自我，投入天下，試圖去結交朋友開創事業；二者天下複雜，人生願望無窮，你想要的，別人也想要，在激進奔競之下，反而承受壓力與挫折。

莊子首篇開講〈逍遙遊〉，次篇倡言〈齊物論〉，就是要化解此生有限，而天下複雜的生命困苦。逍遙遊是生命自我的超拔飛越，齊物論是物我之間的同體肯定。大鵬怒飛，有限人生可以奔向無限，萬竅怒呺，雜多世間可以回歸純一。此所以南冥是天池，

而怒者是天籟，天池天籟是無限又是純一，是天地萬物的終極理想與存在依據。

不過，逍遙無待之遊，要在天籟齊物之論的世界觀之下，才有可能。倘若，教派思想之間，惟我獨尊，傲視群倫，甚至抹殺其他派別的存在空間，說逍遙遊形同自我放逐，無異痴人說夢。由是而言，逍遙遊的背後，要有齊物論做為支持，在各大教派平等的價值觀照下，每一個人的生命，就可以去尋求自我超拔與飛越之路。莊子云：

道行之而成，物謂之而然。（〈齊物論〉）

人生在世，要修行道，並在道中成就自己的人格，走在「道」的路上，才不會有什麼都不是的危機，而可以說我修行的是儒家的道、道家的道、佛教的道，或者是耶穌、真主的道；再進一步我可以說，我成就的是儒門、道家或佛教的道行，或是耶穌、真主的信徒。

哲學與宗教的「道」，要為每一生命的存在，開發價值的源頭活水，道行之而成，故可安身，物謂之而然，是為立命。人物的然，是在行道成道中安立。沒有道就沒有物，沒有行之就不可謂之，而未成就不然；以是之故，物論一定是道論，為天地萬物打開一條經由實踐修養而可以自我實現的道路。

每一教派思想，都要有自家的終極；終是最後的真實，極是最高的原理。人生就安立在終極之地，不會徬徨猶疑，不會漂泊流落，因為有家可以歸去，可以依止停靠、可以休養生息。此莊子云：

虛室生白，吉祥止止。（〈人間世〉）

唯止能止眾止，……正生以正眾生。（〈德充符〉）

吾心虛靜，可以生發光明，吉祥美好皆依止於此可止之地，因為唯有「止」的本身，能帶動眾物來此依止生息；也唯有正生的人，可以引領眾生來正自家的生命。此一如大學所云：

在止於至善。（〈經一章〉）

就因為至善是終極，才會引導天下人來此依止停靠。既是最後又是最高，當然是惟一，且惟一是安身立命之地，當然不可能退讓，此所以會在教派之間，形成了難以化解的衝突。

此在莊子之世，已有儒墨的是非。云：

以是其所非而非其所是。（〈齊物論〉）

自彼則不見，自是（註1）則知之。（〈齊物論〉）

從儒看不到墨，從墨看不到儒，而儒墨兩家卻是並行於世的仁人志士，二者之間不論哪一家被抹殺排除，都是難以補救的遺憾。

吾人立身當世，回教與猶太教之間，固有永世的怨讎，而回教世界亦有什葉派與順義派的現實矛盾。在我們的民間鄉土，各教派雜陳並列，亦有正統異端之爭，甚至教派思想被捲入泛政治化的浪潮，形成意識型態的偏狹意態；生人救世的哲學宗教，反而成為世界的亂源與人類的災難。

或許，我們可以選擇不要宗教信仰或哲學理念，那豈不是可以消解亂源而遠離災難了嗎？問題是，取消了物論思想，人生就回到了赤裸裸的「物」，失去了「論」的保護傘，存在的價值與尊嚴就維繫不住。

那麼，既不能取消，可否用另一方式來求得解決？那就是統一物論，不就可以消除歧見，避免抗爭了嗎？問題是，統一不僅不可能，且後遺症更大，沒有一個文化生命的終極惟一，可以被另一外來的終極所取代，那可能逼出一個族群幾世紀的毀滅性拚鬥！

此一兩難困局，如何化解？莊子〈齊物論〉開發了在取消與統一之外的第三條道路——物論平齊儒墨兩行的路。各教派思想平等，由齊「物論」來齊「物」，世上人物就可以走在各自的道上，去行之而成，去謂之而然，去成就自己的道行，肯定自己的人格，在道行中安身，在人格中立命。問題是：物論平齊的理論基礎要如何去安立？

物論平齊的理論基礎

物是存在物，物論是哲學家開天闢地的給出萬物存在的超越根據。物的存在，就在「物論」中，「有」了所以存在的價值根源，並取得了可以活出一生一世的價值定位；這是物論的勝義。

儒有儒的物論，墨有墨的物論，用以解釋萬物的存在。問題出在，各家的物論都是自家完足的封閉系統，倘若站在自家的系統內發言，試圖去評析其他家派的教義教路，無可避免的會走向自是非他的對抗之路——墨非儒之所是，儒是墨之所非。

本來，兩家之間，只是彼是之分。云：

彼出於是，是亦因彼。（〈齊物論〉）

是亦彼也，彼亦是也。（〈齊物論〉）

彼是同時成立，惟彼是之是，被自家轉成是非之是，而異於是的彼，又在自是的較勁中，被逼成是非的非了。彼是之分，終成是非之別，此一偏見執著，易地而皆然，若各自堅持論斷，難免是「彼亦一是非，此亦一是非」的紛擾爭端；此為物論的劣義。莊子〈齊物論〉的旨趣，就在為已落在劣義困局中的物論，找到一條走向勝義的出路，扭轉之道，惟有從儒墨相對而立、相因而成的立場中跳開，超越在兩家之上，云：

照之於天。（〈齊物論〉）

莫若以明。（〈齊物論〉）

站在天的位置，明照儒墨的教義教路，而給出平等的評價，這是儒墨皆是的兩行之道。問題是，莊子要建立「道惡乎往而不存，言惡乎存而不可」的齊「物論」之道，才能獲致「無物不然，無物不可」的齊「物」之道。然則，物論平齊之道何在，此莊子云：

云：

夫大塊噫氣，其名為風，夫惟不作，作則萬竅怒呺。……泠風則小和，飄風則大和，厲風濟，則眾竅為虛，而獨不見之調調之刁刁乎？

子游曰：「地籟則眾竅是已，人籟則比竹是已，敢問天籟？」

子綦曰：「夫吹萬不同，而使其自己也。咸其自取，怒者其誰邪？」

萬竅怒呺可謂為齊物論的主題寓言，為物論可以平齊的價值觀，建立了存有論的依據。

大塊噫氣是宇宙長風吹起，風本無聲，這一無聲之聲是天籟。宇宙長風吹向大地，通過大地萬種不同的竅穴，生發了萬種不同的聲響，這是地籟；人為萬竅之一，通過不同才性所吹奏出來的生命樂章，亦各自不同，是為人籟。

天籟無聲，一如天道無形，不可言說形容，惟宇宙長風一止息，萬竅即歸於死寂，故以「怒者其誰」的逼問，不答之答的點出了天籟的存在。

莊子以萬竅來說萬物的存在，再以每一竅所發出的「籟」，來說萬物存在的「有」；而萬物存在的「有」；是天籟發動而「使其自己」的有。從每一竅的個體而言，既是通過自己的形狀而譜出來的曲調，故每一竅都各具特色，都擁有同等的真；從萬竅的整體而言，既吹萬不同而咸其自取，雖彼此迴然有異，然源頭皆是怒者大塊的噫氣風作，故萬竅怒呺盡是天籟的顯現。

地籟人籟萬種不同，而彼此有異，若落在每一竅而言，很難平齊。莊子是由天籟的存有同體，來賦與每一籟皆真，而萬籟平齊的理論基礎。然則，儒墨兩家是非爭端又何由而起？云：

道惡乎隱而有真偽，言惡乎隱而有是非；道惡乎往而不存，言惡乎存而不可。道隱於小成，言隱於榮華。故有儒墨之是非，以是其所非，而非其所是。（〈齊物論〉）

道與言連說，一如老子道與名並言。道是生發萬物的天道天籟，言是由天籟而有的地籟物論；天籟天道是無往而不存的，地籟物論也是無存而不可的。換言之，天道所往皆存，物論所存皆可，這才是存有的真實。

而今，道竟出現了真偽的疑惑，言也出現了是非的爭論，反證大道已然隱退，真言已然流失。原因就在，家派思想在體現道的路上，只求小成，成了自成一家的小，而失落了大道的大；且在對道發言的時刻，只求榮華，榮了自成一家的華，卻失落了真言的真。如是，帶出了儒墨兩家的是非，是對方之所非，而非對方之所是。

依莊子的反省，儒墨是非之論爭，是真言已失，大道早隱的結果。實則，從人籟之真而言，儒墨皆真；從地籟之全而言，儒墨兩行，才是天道的充盡朗現。故云：

> 是以聖人和之以是非，而休乎天鈞，是之謂兩行。（〈齊物論〉）
>
> 物固有所然，物固有所可，無物不然，無物不可。（〈齊物論〉）

物固有所然，固有所可，是人籟之真；無物不然，無物不可，是地籟之全，皆源自天籟的同體大肯定。

問題在，當大道已隱退、真言已失落之際，家派是非要如何回歸大道真言的天籟天鈞呢？此莊子云：

> 彼是莫得其偶，謂之道樞。樞始得其環中，以應無窮。（〈齊物論〉）

是非之別來自彼是之分，互以對方之存在為成立之條件，故二者皆得不到他們的對偶，也挺立不住其自身，這是儒道會通的潛在困局。一者不能做任何退讓，因為後退一步即失去自身立足之地；二者守住自己，也就不能通向對方去。故只有越過雙方的立足點，而站在道的樞紐上，圓轉無方，以應天下無窮的變化。

小成榮華之所以成，就生命立體而言，是出乎成心的知，云：

其分也，成也；其成也，毀也。（〈齊物論〉）

未成乎心而有是非，是今日適越而昔至也。（〈齊物論〉）

心知執著分別，成了每一家物論的小，卻毀了天道的大體；成了每一家物論的榮華，卻毀了真言的本真。故超越之道，在不知。云：

故知止其所不知者至矣。（〈齊物論〉）

凡物無成與毀，復通為一。（〈齊物論〉）

以指喻指之非指，不若以非指喻指之非指也；以馬喻馬之非馬也，不若以非馬喻馬之非馬也。（〈齊物論〉）

知是成心，成心執著人間的分別，有成就有毀；不知是道心，無執著無分別，無成亦無毀。道心虛靜，一如天道明照，可以照現萬竅怒呺的每一籟，皆真而無偽，皆是而無非。

由知進到不知，就是由指進到非指，在無分別心的道心觀照下，說指非指、馬非馬也不會構成認知上的不一致。更進一層說，要說是指通通是指，說是馬通通是馬，天地可以是一指，萬物也可以是一馬（註2），此之謂「道通為一」。故云：

> 天地與我並生，萬物與我為一。（〈齊物論〉）

修道行道，進至與天地並生、萬物為一的境界，那個時節，人籟直是天籟，地籟盡是天籟了。是則，道可謂道成，而人亦可謂道人了，豈只儒墨兩行的物論平齊而已！

結論

今天，宗教信仰在民間崛起，伴隨著草根鄉土，快速成長，而大幅流行。一方面反映了物欲街頭與名利市場的空虛貧乏，另一方面也暴露了價值生命的軟弱困頓。

然民間信仰在德行福報、神明靈佑的背後，隱藏了明牌發財的功利色彩；宗教殿堂代表的是比政治更高的權勢，比工商更大的功利，已失去了教化萬民、普渡眾生的本位功能。

且各教派救人，為了擴大聲勢，拉引徒眾，不惜出以商業化的企管經營，反而助長了社會的不良風氣，這是宗教的自我異化，扮演了反宗教的角色。宗教信仰的本身已流落街頭，那能安善男信女的身、立眾生信徒的命呢！

抑有進者，各教派之間，自居正統，互判異端，統戰攻伐之不暇，那能修持靈修、引領信徒、感化眾生呢？是以，各大教都當有道家虛靜的智慧，老子云：

致虛極，守靜篤，萬物並作，吾以觀復。（〈十六章〉）

絕聖棄智，民利百倍；絕仁棄義，民復孝慈。（〈十九章〉）

各大教要忘掉自己聖智仁義的高貴，放下大教正統的身段，致虛守靜，作用的保存孝慈利民的善德，我無為不爭，奧藏天下；或許，紛擾流落的宗教信仰，又可以回到生人救人的天道位置，並平等的觀照其他的教派。故云：

吾不知誰之子，象帝之先。（《老子・第四章》）

你不能問說：天道是從何而來？是誰創生的？我倒反要告訴你，假如人間世界有天帝的話，我所體會的天道性格，比祂們更先在。也就是說，佛要成為佛，基督要成為基督，都要有虛無的智慧！才能慈悲博愛的去救人生人。

最後，再引莊子的話，來做全文的總結。云：

丘也與女皆夢也，予謂女夢亦夢也。（〈齊物論〉）

這是道家隨說隨掃，自我解消的空靈智慧。當孔夫子以道家修證為孟浪之言，而瞿鵲子卻引為妙道之行，莊子安排長梧子批判二者皆是不解之夢。出人意表的是，他又把自己對兩人的評論也拉下來，大家通通是夢。這才是人間教派由大夢走向大覺的開端吧！

莊子〈齊物論〉，化解了儒墨的是非，而開出儒墨兩行的超越之路；今天，吾人亦可開發莊子齊物論的智慧，化解各大教派的是非，而打開道並行而不相悖的新生之路。這樣的話，當代人就有家可歸，找到了安身立命的終極之地，可以依止停靠，休養生息，而不會人海漂泊天涯流浪了。

註釋

註1：原文為「自彼則不見，自知則知之。」據嚴靈峰先生之說，改自知為自是，以彼是對言較順通故也。若不更改原文，亦可援老子義理，順通文義，蓋自相彼之格局中彼此看不到，只有回到「自知者明」的虛靜明照中，才可以相互看到。

註2：此解釋自牟宗三先生的解法，台灣國立師範大學國研所課堂上筆記。

8
道家「報怨以德」的無為思想

三：老莊思想能以宗教的姿態出現嗎？

依謝幼偉先生的觀點，西方宗教家或哲學家所謂的「宗教」，本質上的構成要素有

㈠、是對超人或超自然力量的崇拜；

㈡、是有一種得救的希望，希望從痛苦和罪惡中被拯救出來；

㈢、是情志上的慰勉。（註1）

嚴格說來，老莊思想能以宗教的姿態出現嗎？從「道法自然」與「道隱無名」（註2）而言，答案是否定的，且猶恐是最不貼切，也是最不恰當的理解。

理由在，其一道沒有意志，不主賞罰，甚至做為萬物存在的形上根據，也不是實有型態，而是境界型態（註3），故道不是超自然的力量，不能成為崇拜的對象，而僅是生命修養所證成的最高境界；其二道家不講苦業或原罪，也不講解脫或救贖，更沒有西天淨土或天國，而重在凸顯人為造作的困擾牽累，指引天下人「復歸於嬰兒」、「復

歸於樸」（註4），就是救人也倡言「常善救人，故無棄人」或「天將救之，以慈衞之」（註5），以天生本有的「常善」或「慈」救人，實則等於自救，根本未有被拯救的希望；其三莊子雖有「不亦悲乎」、「可不哀邪」、「可不謂太哀乎」（註6）之真切深刻的存在感受，然此等人生悲感，出乎「與接為構，日以心鬥」（註7）的執迷芒昧，此是莫須有而可化解超離的。故一者云：「有人之形，無人之情」、「無以好惡內傷其身」（註8），二者云：「與物為春」、「喜怒通四時」（註9），甚至「天地與我並生，萬物與我為一」（註10），人生至此，何須情志上的慰勉？

中國哲學的大傳統，天道既超越又內在，兼具宗教與道德的意蘊，宗教重超越義，道德重內在義。（註11）顧名思義，宗教是開宗立教，宗主天上，教化人間，前者引天道入人間，後者引人間歸天道。人存在於天地間，人心等同天地，人物一如萬物，天地無限而萬物有限，人是即有限而可無限的存在。天地無限不必修行，萬物有限而不自知，不可能修行，人物有限，且人心自知有限而嚮往無限，故宗教信仰與人格修養，成了人文世界的獨特現象。

此生有限的存在處境，一在「一受其成形，不亡以待盡」，二在「其形化，其心與之然」（註12）。依儒家的反省，人物的有限性，在形氣之私與物欲之累，道家的思考則在成形與形化總是自然，關鍵在心知執著而有人為造作，存在處境成了存在困局。「知也無涯」之餘，競相「與物相刃相靡」而去（註13）。人生就此流落在「行盡如馳，莫之能止」與「薾然疲役，不知其所歸」（註14）的雙重困頓上，此生有涯百年大限卻停不下來，心知無涯奔競爭逐又不知歸程何處。此停不下來的難題在：

五色令人目盲，五音令人耳聾，五味令人口爽。馳騁田獵，令人心發狂，難得之貨，令人行妨。（註15）

本來，目所以視五色，耳所以聽五音，口所以品五味，這是感官自然的本能。問題是，五色、五音、五味，已非天然的本色、天音、真味，而是心知執著人為造作的產物，用以製造感覺，營造氣氛，官能捕捉不到自然的訊息，卻在炒作迷幻中，漸歸遲鈍痲木，最後失去感覺。刻意經營五色、五音、五味的極致，成了名利權勢的「難得之貨」，引來天下人的馳騁爭逐，終以田獵收場。目盲、耳聾、口爽的傷害，也提升到「心發狂」的層次，心不僅在爭逐中狂亂，也在捕殺中冷酷。心有如戰場，心的執著終究傷了心的自己，人的造作也回頭害了人的自身。停不下來的馳騁田獵，不僅「不知其所歸」，且是心傷了心，人害了人的悲劇結局。

此所以老子的修養工夫，根本在吾心的「致虛極，守靜篤」，在「萬物並作」中「吾以觀復」（註16）。莊子面對天下大戒二，要做「心齋」、「坐忘」的工夫，以「齋」來消解「戒」，在「坐馳」中「坐忘」，在「莫之能止」、「不知其所歸」中，「惟止能止眾止」（註17），為人生開顯可以依止停靠的終極天地。

依當代新儒學大師牟宗三教授的界定，宗教的功能責任有二：

> 第一它須盡日常生活軌道的責任。……第二宗教能啟發人的精神向上之機，指導精神生活的途徑。（註18）

換言之，宗教的兩大功能，一是開啟無限美善的超越精神，二是安頓人間社會的軌道倫常。儘管老子有云：「禮者忠信之薄而亂之首。」（註19）莊子亦云：「芒然徬徨乎塵垢之外，逍遙乎無為之業，彼又惡能憒憒然為世俗之禮，以觀眾人之耳目哉！」（註20）此看似鄙棄了日常生活的軌道倫常。

實則，老子有「上德不德」、「大制不割」（註21），莊子有「大道不稱」，「大仁不仁」（註22）等有如顛覆道德仁禮的話頭，然而所謂的「不」，是放開超離的工夫字眼，消解心知的執著與人為的造作，德更崇高，禮更寬廣，道更長久，仁更開闊。故老子云：「絕仁棄義，民復孝慈。」（註23）絕棄仁義的有心有為，就可以回到自然素樸的孝慈了。

凡此作用的保存，注入了無心天真的源頭活水，道德不成為教條德目，禮制倫常也不會是吃人的禮教了。故莊子云：

以刑為體，以禮為翼，以知為時，以德為循。……以禮為翼者，所以行於世也。（註24）

外曲者，與人為徒也，擎跽曲拳，人臣之禮也。人皆為之，吾敢不為邪？（註25）

人間行走，禮是軌道，「道法自然」又「道隱無名」，道還是在那裡，禮還是在那裡，但已不是人文的可道，而是自然的常道，「言有宗，事有君」（註26），宗主天上，教化人間，開啟超越精神，安頓日常軌道，道家還是千古一大家，人間一大教。

「報怨以德」的生命智慧

每一大家派的哲學體系，都在建構一套生成宇宙實現人生的終極原理，此一終極原理，形成了存有論與價值論，在天地之所以為天地的存在真實中，開發人之所以為人的存在理想。莊子云：

六合之外，聖人存而不論，六合之內，聖人論而不議。春秋經世，先王之志，聖人議而不辯。(註27)

六合是上下四方，已是至大無外，天地萬物盡在其中，說六合之外是多餘的，且是不可思議。此一內外的分異與聖人的應世態度，一體並論，足見所謂內外，係以人生做為分界標竿。人生之外存而不論，人生之內論而不議，前者是存有論，後者是價值論，人生之外是存有，但不涉及價值，人生之內涉及價值，但不予評估。春秋經世，先王的理想蘊涵其間，已由人格內聖，走向政治外王，才給出歷史功過的評價，然只有微言中顯大義，不去辯別是非。因為有所辯別，就藏有不可辯別的相對遺憾。又云：

彼遊方之外者也，而丘遊方之內者也，外內不相及。(註28)

《莊子・逍遙遊》，雖有「逍遙乎物外，任天而遊無窮也」(註29)的詮釋，總在六合之內，去開拓廣大無垠的存在時空。此言方之內與方之外，做價值規範的界域釐清，方是指儒家傳承的禮文形式，方外之人自覺的超離在禮文形式之外，拒絕接受體制文教的束縛，與方內之人在人生道上沒有交集，隱者走方外之路，儒門走方內之路，高士在禮教之外，儒者在禮教之內，內外互不相干。不過，方外可遊，方內亦可遊，孔子自謂「天之戮民」，仍期勉子貢共之（註29），這一存在的抉擇，承擔就是負累，人生就在艱難處做工夫，此心超然物外，不執著不滯陷，方內亦如方外，兩皆可遊。一者「遊於羿之彀中」，二者「遊於物之所不得遯而皆存」（註30），前者方之內，後者方之外，人間遇合的禍福，與天地自然的造化，各有不得已的命限，「中央中地也」是命，「死生，命也；其有夜旦之常，天也」（註31）也是命，吾人「乘物以遊心，託不得已以養中」（註32），就在人文命限與自然命限中超拔出來，遊於俗染塵垢之中。

從「六合之外，聖人存而不論」，到方內方外不相及，老莊思想的救世情懷，要由何朗現，而給出分位呢？

今依據《論語》的一段對話，來進行討論：

或曰：「以德報怨，何如？」

子曰：「何以報德？以直報怨，以德報德。」（註33）

人與人之間，有恩就有怨，有愛就有恨，怨恨從恩愛來，恩愛不當其分，未盡其誼，怨恨就在恩愛的虧欠缺憾中，有如「樂出虛，蒸成菌」(註34) 般冒出來。

恩愛與怨恨間的對應，就是所謂的「報」。本來最直接的報，是以怨報怨，以德報德，他怎麼來，我怎麼去，不多不少，對等回報。關鍵在，儒家不願「以怨報怨」，因為在回報的同時，他的怨你的怨，怨是等同的，他錯了你也錯了，也是一樣的錯。所以，國法站在社會正義的立場，「以怨報怨」來討回公道，懲罰造成怨氣傷害的人，是順理成章的事。儒家出乎道德人格的修養，不能他錯我也跟著錯，僅能「以直報怨」。

直不是以其人之道，還治其人之身，那是報復的直，儒家所謂的直，是「人之生也直」，且「質直而好義」(註35)，人之生就是質，天生的本質就是人性的正直，吾心自我責求要合乎公平正義，不是在行為上直接報，而是以心性的直，來回報天下人的怨。不是我的反擊報復，而是他錯了要認錯，為自己的行為負責，為自身的過錯犯行承擔責任，接受應有的懲罰，此當是國法與人情、法律與道德的分界點。

而所謂的「以德報怨」，站在道德的立場是說不通的，因為會產生一個重大難題，那就是孔子一語道破的「何以報德」。以德回報了對我們有怨的人，那還有什麼可以回報對我們有德的人。所以，以德報怨違反植根人性的公正原則，對有德的人構成不公平，這是道德良心所不能安的。「以德報怨」，看似寬大而不計前嫌，實則有如以紫亂朱，混同了人間的是非對錯。《論語》中有一段話：

子貢曰：「君子之過也，如日月之食焉；過也，人皆見之，更也，人皆仰之。」（註36）

君子有過，人皆見之，仍屬坦蕩而無所隱藏，更重要的是德行補過，這才是「以直報怨」的道德正義，「以德報怨」卻完全接納，一視同仁以德回報，此已跳開了「質直而好義」的人道立場，而直以天道看人間，天道超離在人間恩怨之上，可以悲憫包容，有如天下父母心永遠等待兒女回頭一般，這已是出乎天道的宗教立場。

道家思想，依「民不畏死，奈何以死懼之」（註37）看來，根本不可能有「以怨報怨」的法律立場，也不是「以直報怨」的道德立場，又與「以德報怨」的宗教立場有異。老子云：

大小多少，報怨以德。（註38）

老子的思考，不在怨要如何報才算公平正直的問題，而在怨要如何解的問題。因為怨已生，不管是以直還是以德來報，已無可挽回。解怨的根本在無怨，在解開怨之所由生的癥結。怨從恩來，恩有大小多少的分別，你大我小你多我少，在心知執著的分別比較之下，產生了紛擾爭端，恩的愛變質為怨的恨，恩怨愛恨就此成了人間最大的痛與最深的結。

故「報怨以德」，用心在如何解怨，不讓怨有藏身的空間。德是無心天真，有如嬰兒一般，無分別無比較，不知感恩，也不會抱怨，怨自然消散。這才是第一序的思考，以怨報怨，以直報怨與以德報怨，已成第二序的問題。故老子云：

和大怨，必有餘怨，安可以為善？（註39）

真正的善，要保有自然的和諧，而不是大怨已生，再求和解，亂成一團，再難平復舊觀，猶如破鏡重圓，裂痕總在那裡，完好如初已不可能。最高的智慧在，「為之於未有，治之於未亂」（註40），報怨之道，當報之於未怨，這才是「無為而無不為」的妙道。

老莊思想「生人」與「救人」的終極原理，就在這一「報怨以德」的智慧洞見。

它不是法律的「以怨報怨」，不是道德的「以直報怨」，也不是宗教的「以德報怨」，而是超離在三者之外，不在方之內尋求解決之道，而在方之外另開生路。「報怨以德」，根本消解了怨所由生的心結，怨不報也報了。

生人救人的根本原理

宗教信仰或哲學智慧，皆在解答人生的困惑，並解除人生的苦痛。對存在的困局與人間的難關，要有真切的感受，深入的同情與廣大的包容。莊子云：

> 吾生也有涯，而知也無涯。以有涯隨無涯，殆已！已而為知者，殆而已矣！（註41）

這一段話，描述人生存在的永恆困局，可謂千古大痛。「年命在身有盡，心思逐物無邊」（註42），此生有涯百年大限，又掉落在無窮無盡的心知爭逐中，重點不在事實的不可能，而在價值的不值得。因為爭逐的盡是師心好名的身外物，一者「為善無近名，為惡無近刑」（註43），二者「德蕩乎名，知出乎爭」（註44），善惡是心知造作的產物，既是名號又是桎梏，「名也者，相軋也，知也者，爭之器也」（註45），名利心權力欲，掩蓋了存在的真實，天生本德流落失真。所以，「殆而已矣」幾成命定，似乎難以逃離。

莊子在生有涯而知無涯的存在困境之外，又說人間的兩大難關。云：

天下有大戒二，其一命也，其一義也。子之愛親，命也，不可解於心；臣之事君，義也，無適而非君，無所逃於天地之間。（註46）

此生有涯是命，心知無涯是義，天生而有的命不可解，而人間遇合的義無所逃，不可解是存在的悲情，無所逃是存在的困苦，莊子開出心齋坐忘的工夫，來消解這一悲情與困苦。云：

墮肢體，黜聰明，離形去知，同於大通，此謂坐忘。（註47）

無聽之以耳，而聽之以心；無聽之以心，而聽之以氣。聽止於耳，心止於符，氣也者，虛而待物者也。唯道集虛，虛者心齋也。（註48）

生有涯故離形，知無涯故去知，離形去知正所以對應「以有涯隨無涯，殆已」的困局。且不可解於心的命也不必解了，無所逃於天地間的義也無須逃了。因為，「可」與「所」皆在心知的執取中形成，離形去知，心無「可」則天地亦無「所」，困苦已消散於無形了。

離形去知分別在「形」與「心」做工夫。實則二者是一體並行的，人有心有形，「心在物中」是存在的處境，「心執著物」，是存在的困局。心形纏結，兩皆受害，故從心說去知，從形說離形，去知是心不執著形，離形是形不被心宰制。修養工夫不是回到「心在物中」的存在處境，而是超越在「心在物上」的修養境界。

「心在物中」是天生的自然，永遠面對「其形化，其心與之然」的危機，「心在物上」則是修養的自然，才有存在的保證。「虛而待物」是心在物上，可以同於大通。

無聽之以耳，是離形，無聽之以心，是去知，離形則此生有涯的悲情，也離身而去，去知則心知無涯的困苦，也在心中消散。

莊子雖云：

魚相造乎水，人相造乎道。

相造乎水者，穿池而養給，相造乎道者，無事而生定。故曰魚相忘乎江湖，人相忘乎道術。（註49）

泉涸，魚相與處於陸，相呴以溼，相濡以沫，不如相忘於江湖，與其譽堯而非桀也，不如兩忘而化其道。（註50）

不管是相忘，還是兩忘，仍有待「坐忘」的工夫，坐忘是從不止的坐馳中超拔出來，當下忘了一切，放下一切。人生修養無窮無盡，此中有一些難題，會被經典套牢，被工夫套牢，被歷程困住，窮年累月，何時才得救？故在漸修中一定要開出頓悟，正切近「坐忘」的境界。從經典煩瑣，工夫積累中跳脫出來，當下即是，道在現前。此老子云：

善閉無關楗而不可開，善結無繩約而不可解。（註51）

閉是保護自我，結是結交天下，保護自我要閉關，用重重深鎖，阻絕他人的干擾傷害，不過，別人進不來，自己也出不去，形同自閉；結交天下要結盟，用繩索約束，不讓他人走離逃開，不過，別人跑不掉，自己也牽累，形同死結。自閉禁閉了自己，死結綁住了別人，適得其反，且有形的門鎖與繩索，會被打開破解，還是靠不住。真正善閉的人不閉，善結的人不結，不閉就不可開，不結就不可解，善是無心自然的意思，反而有「天網恢恢，疏而不失」(註52)的妙用。

所謂的「善」，就在「無」，「無」永遠不被打開，也無以破解。正如「谷神不死」(註53)，山谷中空，任何利器尖端，都打不到它，也打不垮它，這才是真正的神用無方。道「神鬼神帝，生天生地」(註54)，卻是「大象無形，大音希聲」，道體是虛的，卻妙用無窮。云：

道沖而用之或不盈，淵兮似萬物之宗。(註55)

道體是虛無，「注焉而不滿，酌焉而不竭」(註56)，有如深淵一般，可以做為萬物的宗主。虛無的妙用在無限的包容，花草樹木與鳥獸蟲魚，都藏身其中，山谷深淵，給出了萬物存活的空間。又云：

道者萬物之奧，善人之寶，不善人之所保。(註57)

虛而能容，可以奧藏萬物，善人在道中自在天真，不善人在道中，也得到了庇護之所。「天道無親」（註58），沒有執著也沒有分別，不干擾也不批判，善與不善的相對區分，在「兩忘而化其道」間，不譽堯也不非桀，善人與不善人，都可以找到自我的真實與整體的和諧。故云：

善者吾善之，不善者吾亦善之，德善；信者吾信之，不信者吾亦信之，德信。（註59）

常善救人，故無棄人；常善救物，故無棄物。（註60）

依知善知美而言，美醜善惡是相對而立，相因而成，出乎主觀的標準，互以對方為成立的原因，善與不善，信與不信，本質上有如「彼是」的分異，在心知的執著中，卻轉以不同為不對。天地無心，聖人無心，把被判為不對的，帶回到原初的不同，讓不同的雙方都找回自身的對，這才是不善亦善，不信亦信的理由所在。

人人皆善是德善，人人皆信是德信，本德之善本德之信，是天生本真，天真就是常善，永不動搖永不變質的本德之善天真之信，常善就是由常道而有的常名，道法自然是常道，道隱無名是常名。

道體虛無奧藏萬物，道體虛無也照現萬物。莊子云：

照之於天，……莫若以明。（註61）

至人之用心若鏡，不將不迎，應而不藏，故能勝物而不傷。（註62）

老子亦云：

致虛極，守靜篤，萬物並作，吾以觀復。（註63）

天府是奧藏，天明是照現，天鈞是天然的均平，一體皆善。（註64）人道回歸天道，重心在人的主體修養。造作由心知來，故工夫在心上做。致虛守靜，是心的自致自守，虛掉心知而歸於平靜，心虛靜如鏡，無主觀好惡，就不會有它歡喜迎接的，有它厭惡抗拒的，一體皆照，作平等觀，萬物不必造作經營，也不必迎合討好。

這樣的觀，只是回應返照，不扭曲不變形，大家回頭做自己，不必裝模作樣，作怪作假，沒有委屈，也無所壓抑，敞開心懷朗現自己，由觀而復，在自我釋放中釋放天下，在虛靜觀照中照現萬物。

鏡子只返照回應而不收藏留底，且隨時清場，沒有前塵往事，隨時清新，照現當下現前的每一個人。

吾心虛靜如鏡，鏡照萬物，照現萬物，吾心沖虛如淵，深藏萬物，包容萬物，前者生人，後者救人，不是救贖你的罪，消除你的業，而是在生人中救人，從莫須有的不善不信中，找回你的德善德信。這是平反，把所有的「怨」，化解於無形，「以德」來化解，讓「莫之能止」的人生，可以「吉祥止止」(註65)，坐馳的人可以坐忘，並還歸你的天真本德，不是消極的救人，而積極的生人，在照現中奧藏，直是現世的生人現世的救人，存在困境與人間難關，在此消解，通通化掉。

虛靜觀照有如神怪鬥法的照妖鏡，淵深奧藏如同法寶至尊的乾坤袋。照妖鏡是照破妖怪的幻形假相，而照現牠的原形本真，因為價值標準定在人身，所以木精狐仙，假借人形來混世，而痛失做自己的尊嚴，照妖鏡看似破了妖怪的修行，實則是照現了牠的本來面目，牠的天生本真，人不必作怪，反成人妖，「正復為奇，善復為妖」(註66)善德何以成妖惡，因為正道不行，而以奇變應之，毀壞了真人真相。

乾坤袋沖虛無底，無限包容，永遠裝不滿也掏不空，天地萬物萬般寶貝，完全收容珍藏，沒有人流落江湖，而可以相忘於道術。心齋鏡照，「虛室生白」（註67），坐忘奧藏，「惟止能止眾止」，這是道家生人救人思想的殊勝處。

「聖人不傷人」的人文精神

天地生萬物，聖人生百姓，此「生」的原理，依道家的體會，是在又有又無的玄德。老子云：

> 生而不有，為而不恃，長而不宰，是謂玄德。（註68）

「生、為、長」是天地生成萬物，聖人教化百姓的作用，「不有、不恃、不宰」是天地放開萬物，聖人放開百姓的修養，生成的作用是有，放開的修養是無，而「有生於無」。

此老子云：

天下萬物生於有，有生於無。（註69）

天下萬物生於「道的有」，而「道的有」生於「道的無」，又有又無，就是道的玄德。人間世俗的「生」，都是為德不卒，以「生、為、長」為德行，而等待「有、恃、宰」的福報，故「生而有，為而恃，長而宰」。問題在，歸我所有等於未生，恃為己恩等於沒有作為，由我主宰等於猶未長成，這樣的生，未竟全功，自己打垮了自己。故一者云：「上德不德，是以有德。」（註70）二者云：「功成而弗居，夫唯弗居，是以不去。」（註71）你要放下你的德，忘掉你的功，才會有「不有、不恃、不宰」的心胸氣度與工夫修養，不德才有德，不居功才有功，「不有」才有「生」，「不恃」才有「為」，「不宰」才有「長」，所有的「有」都從「無」來。此一生成原理，落實到政治外王，即是「無為而治」的智慧。云：

聖人不仁，以百姓為芻狗。（註72）

聖人無常心，以百姓心為心。（註73）

不仁是無心，無常心是沒有自己的主觀認定與堅持，聖人心空出來，百姓心就進來了，不僅奧藏百姓，也照現百姓，百姓不用並作妄為，可以在聖人的觀照中復歸。「百姓皆謂我自然」(註74)，正是「無為而無不為」的最佳寫照。

芻狗是用草做成的狗，引來祭祀，功成即身退，從草中來，回到草中去，故以百姓為芻狗，是聖人放開百姓，讓百姓自在自得，有如天地放開萬物，讓萬物自生自長，都是回歸自然，而不是拋棄的意思。

老子有一段如同政治與宗教間的對話，云：

> 以道莅天下，其鬼不神；非其鬼不神，其神不傷人；非其神不傷人，聖人亦不傷人。(註75)

此段話可分解成三小段，來進行思考：

一是「以道莅天下，其鬼不神」，道臨現天下，百姓無心天真，自在自得，無缺無憾無恐懼，無求於鬼神，鬼神似乎失去了它本有的威力。

二是「非其鬼不神，其神不傷人」，也不是鬼神失去了它本有的威力，而是有威力也不能傷害到人。

三是「非其神不傷人，聖人亦不傷人」，更根本的省思是，不是鬼神的威力不能傷害人，而是聖人不傷害人。

原來，人間苦難來自聖人的有心有為。聖人無心無為，百姓心無痛處，天下牛鬼蛇神一概退位，故聖人不傷人，就在以道蒞天下。

老子語出驚人，人間鬼神的威力，是在位者給出來的，聖人傷人在先，百姓託庇鬼神、祈求靈異，鬼神因而擁有了呼風喚雨的舞台，發揮宰制眾生的威力。莊子云：

> 堯既已黥女以仁義，而劓女以是非。(註76)

聖人以仁義是非傷人，鬼神以靈異神通傷人，天下人失去德善德信，窮其一生找不到安身立命之地。故聖人不傷人，鬼神也不會傷人，「兩不相傷，故德交歸焉」(註77)，那在兩者交相傷害中失落的天真本德，都重歸我身。

此不是聖人救人，也不是鬼神救人，而是聖人不傷人，鬼神也不傷人，人生本德已圓滿具足。老子云：「知足不辱，知止不殆。」(註78) 又云：「知足之足，常足矣。」(註79) 知內在本足，知止於自然天真，就不會毀壞，而可以長久。

這樣的生人救人，不是「以德報怨」，聖人神明來赦免拯救或保佑，而是「報怨以德」，讓天下人回到沒有罪過，沒有業障，也沒有缺憾，沒有虧欠的自然天地，自生自長，不生也生，不救也救了。

聖人虛室生白，吉祥止止，不僅鬼神不傷人，且「鬼神將來舍」(註80)，不就上達「神鬼神帝，生天生地」的天道境界了嗎？

聖人傷人，依莊子在〈人間世〉的反省，說顏回向孔子辭行，本著醫門多疾的心懷，想去衛國治病救人，衛君年壯行獨，而輕用民死，民無家可歸，是政治的大病痛。未料，孔子告以「若殆往而刑耳」，你此去猶恐是自身受傷害罷了。

因為顏回想去救人，一定判定對方錯了，形同帶來災難的人，你理直氣壯來此救人，等於認定衛國無能人，豈非一舉而得罪衛國上下嗎？「災人者，人必反災之」，命運如何，未卜可知了。且在衛國朝廷威武氣勢之下，批判責難的話，隨情勢轉成稱頌讚美，災人沒做成，反成「益多」，以火救火，以水救水，有如幫閒清客，救人未成，倒反加重原有的災情。從政救人，就在災人與益多間擺盪，救人是災人，愛人也可能害人了(註81)。「意有所至，愛有所亡」(註82)人有心執著，起了造作之意，即使是愛，也會因驚懼疑慮而亡失。

總之，生人救人要做到「無棄人」、「無棄物」的境地，那只有以萬物本身的常善去生他自己去救他自己，這樣的生人救人，就不會是災人，而讓人人找回自己的善德善信，才是「道常無為而無不為」的妙道。也是「我有三寶」之「二曰儉」的無上智慧。

老子云：

吾言甚易知，甚易行，天下莫能知，莫能行。（註83）

老子清靜無為的救世思想，雖說簡易高明，問題還是要天下人去知去行。它不是天降神兵，奇蹟般的自外太空飛來。老子說：「同於道者，道亦樂得之。」（註84）莊子說：「道行之而成，物謂之而然。」（註85）人道走天道的路，道行高深有成，人物的存在價值，在評估之下，才得到「然」的肯定，這樣的「然」，由自己的修養工夫而得，是為自然。

道家講「道法自然」，又對山水田園情有獨鍾，實則山水田園多塵垢污染，不一定是清淨的桃花源。只是山水田園無心自然，隱合天道，不過這樣的自然，是天生的自然、現象的自然，總要通過詩人畫家心齋坐忘的虛靜觀照，照現了山水田園的詩情畫意，才有了中國歷代藝術瑰寶的山水畫，與典藏傳誦千古的田園詩，這是修養的自然、境界的自然。由修養而得的自然境界，有如「獨立不改，周行而不殆」（註86）的天道，永不變質，永不止息，也永不毀壞。

老莊道法自然，道隱無名的清靜無為，藏有「無為而治」的大智慧，無為而治的實踐，就在「報怨以德」，以天真本德的道行，來化解人世間的「怨」苦牽累，這樣的生人救人，是人文精神的高度展現。

人生在此得救，也在此重生。

註釋

註1：《中西哲學論文集》頁九六。新亞研究所，民國五十八年五月初版，香港九龍。

註2：《老子•廿五章》，與〈四十一章〉。《老子周易王弼注校譯》頁六五及一一三。樓宇烈，華正書局，民國七十年九月初版，台北。

註3：牟宗三《才性與玄理》，頁一四三：「此固是形上之實體，然是境界形態之形上的實體。」人生出版社，民國五十九年六月再版，香港九龍。

註4：《老子•廿八章》。《校釋》頁七四。

註5：《老子•廿七章》與〈六十七章〉。《校釋》頁七一及一七一。

註6：《莊子•齊物論》。《南華真經正義》頁二十，陳壽昌，新天地書局。六十一年十一月初版，台北。

註7：《莊子・齊物論》。《正義》頁十七。

註8：《莊子・德充符》。《正義》頁八七及八八。

註9：《莊子・德充符》與〈大宗師〉。《正義》頁八五、九三。

註10：《莊子・齊物論》。《正義》頁三十。

註11：牟宗三《中國哲學的特質》頁二六，學生書局，民國七十六年十月六刷，台北。

註12：《莊子・齊物論》。《正義》頁二十。

註13：同前註。

註14：同註12。

註15：《老子・十二章》。《校釋》頁二八。

註16：《老子・十六章》。《校釋》頁三五至三六。

註17：《莊子・德充符》。《正義》頁七七。

註18：《中國哲學的特質》頁九七及九九。

註19：《老子・卅八章》。《校釋》頁九三。

註20：《莊子・大宗師》。《正義》頁一〇八。

註21：《老子・三十八章》及〈二十八章〉。《正義》頁九三及七五。

註22：《莊子・齊物論》。《正義》頁三二及三三。

註23：《老子・十九章》。《校釋》頁四五。

註24：《莊子・大宗師》。《正義》頁九五。
註25：《莊子・人間世》。《正義》頁五五。
註26：《老子・七十章》。《校釋》頁一七六。
註27：《莊子・齊物論》。《正義》頁三二。
註28：《莊子・大宗師》。《正義》頁一〇七至一〇八。
註29：王先謙《莊子集解》頁一。三民書局，民國五十二年三月初版，台北。
註30：《莊子・德充符》及〈大宗師〉。《正義》頁七九及九八。
註31：《莊子・德充符》及〈大宗師〉。《正義》頁七九及九六。
註32：《莊子・人間世》。《正義》頁六三。
註33：〈憲問篇〉。朱熹《四書章句集註》頁一五七，鵝湖出版社，民國七十三年九月初版，台北。
註34：《莊子・齊物論》。《正義》頁一八。
註35：《論語・雍也篇》及〈顏淵篇〉。《集註》頁八九及一三八。
註36：〈子張篇〉。《集註》頁一九二。
註37：《老子・七四章》。《校釋》頁一八四。
註38：《老子・六三章》。《校釋》頁一六四。
註39：《老子・七九章》。《校釋》頁一八八。

註40：《老子‧六四章》。《校釋》頁一六五至一六六。
註41：《莊子‧養生主》。《正義》頁四五。
註42：宣穎《南華經解》頁八六。藝文印書館，六二年出版，台北。
註43：同註41。
註44：《莊子‧人間世》，《正義》頁五二。
註45：同前註。
註46：《莊子‧人間世》。《正義》頁六〇。
註47：《莊子‧大宗師》。《正義》頁一一四。
註48：《莊子‧人間世》。《正義》頁五七。
註49：《莊子‧大宗師》。《正義》頁一〇九。
註50：《莊子‧大宗師》。《正義》頁九七。
註51：《老子‧廿七章》。《校釋》頁七一。
註52：《老子‧七三章》。《校釋》頁一八二。
註53：《老子‧六章》。《校釋》頁一六。
註54：《莊子‧大宗師》。《正義》頁九九。
註55：《老子‧四章》。《校釋》頁一〇。
註56：《莊子‧齊物論》。《正義》頁三三。

註57：《老子・六二章》。《校釋》頁一六一。
註58：《老子・七九章》。《校釋》頁一八九。
註59：《老子・四九章》。《校釋》頁一二九。
註60：《老子・二七章》。《校釋》頁七一。
註61：《莊子・齊物論》。《正義》頁二三及三四。
註62：《莊子・應帝王》。《正義》頁一二五。
註63：《老子・一六章》。《校釋》頁三五及三六。
註64：《莊子・齊物論》。《正義》頁三三及二六。
註65：《莊子・人間世》。《正義》頁五八。
註66：《老子・五八章》。《校釋》頁一五二。
註67：《莊子・人間世》。《正義》頁五八。
註68：《老子・十章》及〈五一章〉。《校釋》頁二四及一三七。
註69：《老子・四十章》。《校釋》頁一一〇。
註70：《老子・卅八章》。《校釋》頁九三。
註71：《老子・二章》。《校釋》頁七。
註72：《老子・五章》。《校釋》頁一四。
註73：《老子・四九章》。《校釋》頁一二九。

註74：《老子・十七章》。《校釋》頁四一。
註75：《老子・六十章》。《校釋》頁一五八。
註76：《莊子・大宗師》。《正義》頁一一二及一一三。
註77：《老子・六十章》。《校釋》頁一五八。
註78：《老子・四四章》。《校釋》頁一二二。
註79：《老子・四六章》。《校釋》頁一二五。
註80：《莊子・人間世》。《正義》頁五八。
註81：《莊子・人間世》。《正義》頁五一至五三。
註82：《莊子・人間世》。《正義》頁六六。
註83：《老子・七十章》。《校釋》頁一七六。
註84：《老子・二三章》。《校釋》頁五八。
註85：《莊子・齊物論》。《正義》頁二四及二五。
註86：《老子・廿五章》。《校釋》頁六三。

老莊哲學的生死智慧

生命存在的處境與困局

《莊子・養生主》開宗明義即云：「吾生也有涯，而知也無涯。」（註1）此一語道盡了千古下來生命存在的無奈處境與永恆困局。〈齊物論〉云：「一受其成形，不亡以待盡。」（註2）真君落在形軀，生命力一如機栝，發散完也就終了，正是「吾生也有涯」的寫照，又云：「其形化，其心與之然。」（註3）形體會成長也會衰老，心知隨之而變化，心頭紛擾，則是「知也無涯」的動畫。

且「以有涯隨無涯，殆已；已而為知者，殆而已矣。」（註4）吾人以有涯之生命，去追逐無涯之心知，所謂的「殆已」，不在事實的不可能，而在價值的不值得。證諸〈齊物論〉的析論：「與物相刃相靡，其行盡如馳，莫之能止，不亦悲乎！」（註5）吾生有涯的存在處境，是不得已的；而知也無涯的生命困局，卻是莫須有的。不僅心知生起執著，會有如滾雪球般的擴張膨脹，且面對天下人有如相刃相靡般的奔競爭逐，是停不下來而令人感傷的！又云：「終身役役，而不見其成功；薾然疲役，而不知其所歸，可不哀耶！人謂之不死奚益！」（註6）終身為役所役，卻看不到成功前景；疲於奔命，卻不知歸程何處，在這樣行程忙碌，前途茫然，卻終究突破無門的盲點交錯間，逼出了「不死奚益」的深層悲痛，「殆而已矣」也成了苦難人生的無言結局。

生命存在的處境困局，一在「成形」而「待盡」的有涯；一在「形化」而「心然」的無涯。「成形」即定形，封閉在自我的氣命定限中；「形化」在老化，卻走向生老病死的氣化無常間。而心知的介入，生起執著分別的作用。「成形」而「成心」，由是而有「是非」之分；「形化」且「心然」，由是而有「死生」之別。「是」之最大在「生」，「非」之最大在「死」，是非的糾葛，與死生的恐慌，就此成了生命自我的沉重負累。

莊子云：「死生亦大矣！」（註7）死生號稱大關，在此關最難勘破，老莊哲學試圖在有生必有死的存在終局，去開發不死不生的生命大智慧，以體現「道」之極成的生命安頓。

老子說死生是出入，由「不遇」而「無所」的生死智慧

老子云：「出生入死。」（註8）人生是一段出入的歷程，由生中來，回到死中去。而在生死間的生命形態，老子也做了真切的反思，云：

> 生之徒，十有三，死之徒，十有三；人之生，動之死地，亦十有三。夫何故？

以其生生之厚。(註9)

此一者描述了生死的自然現象。人世間分分秒秒都有人生，有人死，有如花開花落、春去春來一般的生命脈動；二者是老子所要切入反思的悲劇，人為了求生，反而掉落死地。關鍵在，求生太厚，養生太過，反而形成了活下去的負面效應，有如溫室裡栽培的花草，受不了風霜雨露的自然考驗。這樣的人為造作，適得其反，來自心知的執著，正好暴露了「愛之適足以害之」的弱點。又云：

陸行不遇兕虎，入軍不被甲兵。兕無所投其角，虎無所措其爪，兵無所容其刃。夫何故？以其無死地。(註10)

人生不死之道，首在「不遇」。陸上行走，不要碰上猛獸的襲擊；兩軍交戰間，不要被兵器砍到。遠離一級戰區，避開凶險之地，從名利場、權力圈超拔出來，就不會把自己逼上死亡的邊緣。

問題在，「不遇」僅是幸運，不死之道不能依憑偶然僥倖，而當有必然的保證。故老子由客觀機緣的「不遇」轉向主體修養的「無所」。首要在「不遇」，根本卻在「無所」。不要碰上固屬上上之策，問題在，即使碰上了仍可立於不敗之地，那就在我自身沒有可以被攻擊傷害的處所。

兕是獨角獸，銳角可以重創動物，不過當銳角衝刺過來的時候，卻找不到可以衝刺的地方；虎的利爪，可以撕裂生物，不過當利爪撲抓過來的時候，卻找不到可以抓裂的地方；兵甲利器可以砍殺人命，不過當兵器砍殺過來的時候，卻找不到可以砍殺的地方。道理何在？不在人可以隱身失去蹤影，或逃離現場，而在吾心不起執著，沒有分別，不痴迷、不熱狂，就不會患得患失，總說是吾心沒有投靠、沒有弱點，也就沒有可被打敗的要害。

故「無所」不在形軀的修鍊，而在心靈的解放，人在心中不為死亡留下餘地。心執著「生」，「死」就如影隨形，長伴身側了；心不執著「生」，「死」就失去可以存活的空間。有生就有死，不生所以不死，此心無待，無可死之所，心頭已無死亡的陰影，人生就在朗朗乾坤中昂揚，可以天真的活、自在的活、全然的活，無後顧之憂的活，堪稱是起死回生的活。

老子另章云：

不失其所者久，死而不亡者壽。（註11）

「所」是生命終極之地，道根德本之所。「歸根曰靜，是謂復命」（註12），回歸生命的本根，就可以依止停靠、安身立命了，靜就是恆常長久的生命情態。人走離生命根土，在人間漂泊而花果飄零，流離失所而無家可歸，生命隨時在短暫變動中，不失其所而道法自然，死只是自然的生死，死而不亡就在不為死亡留餘地。反之，若失其所則死而亡，失落天真而人為造作，死不再是自然的現象，死而亡形同生命的絕滅傷痛。

老子講「無所」，莊子說「不藏」。云：

藏舟於壑，藏山於澤，謂之固矣。然而夜半有力者負之而走，昧者不知也。藏小大有宜，猶有所遯；若夫藏天下於天下，而不得所遯，是恆物之大情也。（註13）

山河大地藏不住，青春歲月藏不住，在造化遷移間，天下也藏不住，那就不要藏。藏天下於天下，就沒有人可以來搶我們的天下。人生的困苦心結，就在我們一直想藏，哪一天大徹大悟，我不藏了，就無所，就不失其所，也就可以死而不亡，而直從死亡的陰影中走出來，有如重見天日的清朗自在。

莊子說死生是來去，由「過渡」到「回家」的生死智慧

莊子云：「假於異物，託於同體。」（註14）又云：「乘物以遊心，託不得已以養中。」（註15）生命存在寄身在萬竅眾形中，而主體真君則與天道同體並行，形軀的我是不得已的拘限，生命的出路端在心靈的開拓。吾心有沖虛的修養，雖在乘物的束縛中，亦可無心自在，遊心自得。問題在，「死生，命也。」（註16）形體的我，在氣命的流行中，走出一段來去的行程。云：

> 適來，夫子時也；適去，夫子順也。安時而處順，哀樂不能入也。古者謂是帝之縣解。（註17）

夫子來到人間，只是偶然的機緣；夫子離去人間，卻是必然的終程，這是存在的真實。人生在世，僅能安於來的「時」，面對終究要去的「順」，純任自然，心中無好惡哀樂之情，把形軀的老死看成瓜熟蒂落般的自然，解開了生命倒懸的困苦。

這不是說，生是倒懸，而死是懸解。如同〈齊物論〉所說的「死生夢覺」（註18），

也並非意謂生是夢，而死是覺，而是吾心對生的執著、分別是夢，而破解了悅生惡死的迷惑才是覺。死生的分別是名，死生的分別給出來的壓力是刑，而這樣的心靈枷鎖，迫使生命落在倒懸的桎梏中，有如瓜果常掛棚架間，而不得安頓，因為死亡的陰影籠罩在生的上空。所謂的懸解，是無掉心知的枷鎖，而解開生命的桎梏；所謂的夢覺，意謂只有大覺的人，才知道死生的執迷，原是一場大夢。大覺知大夢，一如有真人而後有真知，云：

> 古之真人，不知悅死，不知惡死，其出不訢，其入不距，翛然而往，翛然而來而已矣。（註19）

心無好惡之情，生死間即可來去自如，而根本功夫在解消死生之分，而入於不死不生之境。云：

> 殺生者不死，生生者不生。（註20）

> 不以生生死，不以死死生。（註21）

解消生的執著，就可以破除死的恐懼；順任自然的生，就不會有「生」的執著造作；心中沒有生，也就沒有死，不生所以不死，越過生死，一體放下，當下證入了不死不生之境。

莊子對死生問題，一直沒有給出正面的解答，只是清冷的拋出一句問話：

予惡乎知說生之非惑邪，予惡乎知惡死之非弱喪而不知歸者邪！（註22）

我怎麼知道人那麼喜歡活著不是一種迷惑呢？我怎麼知道人那麼厭惡死亡不是像一個走失在外的孩童，找不到回家的路呢？〈至樂篇〉說莊子妻死，鼓盆而歌，惠施不以為然，責難莊子鼓盆高歌，不覺太過分無情了嗎？莊子云：

今又變而之死，是相與為春秋冬夏四時行也，人且偃然寢於巨室，而我噭噭然隨而哭之，自以為不通乎命，故止也。（註23）

人生行程一如來去，而死亡是回家，回歸天地常道，而與四季同行，甚至在大自然的巨室裡酣睡高眠，那我在人間呼天搶地大哭，不是太不知死生之命了嗎？且在有生有死的形體上，存有一不死不生的生命主體，云：

大塊載我以形，勞我以生，佚我以老，息我以死。（註24）

大塊有如造物主一般，是天道的生成作用，依「道法自然」與「象帝之先」（註25）而言，天道沒有主宰創生的意涵，只是形而上的實現原理。

天道造物以「形」體來乘載「我」，以「生」活來勞累「我」，以年「老」來讓「我」休閒，以「死」亡來讓「我」安息。人生就是心在物中，走一段生老死的旅程。此中所謂的「我」，是指生命主體的心，超然在生老死之上，原來生老死只是形軀的事，心靈真君並不在生老死的形化變動中。所以，老死有如瓜熟蒂落，只是生命的自然。

不過，莊子並沒有突顯所謂「靈魂不朽」的觀念。〈養生主〉的義理總結，云：

指窮於為薪，火傳也，不知其盡也。（註26）

人生在世，有形的軀體有如薪火一般，總是在燃燒，不過在生命的火花閃現發光的剎那，卻不知自身會有燒為灰燼的時刻。

道家的生死智慧，不在薪盡火傳的永恆追尋，而在「不知」的當下放開。吾心不起執著，也就沒有分別，只見生命的如如流行，而不去擔心他是否有終了的一天。以是之故，生命主體的我，似乎超然獨立在形體的生老死之上。

再看莊子有一段透視生死的洞見。云：

且方將化，惡知不化哉；方將不化，惡知已化哉！吾特與女其夢未始覺者邪；且彼有駭形而無損心，有旦宅而無情死。（註27）

形體是旦宅，是生命主體的暫居之場，駭形是形體在變動衰老中，而心靈永遠不會有損傷，今生形軀壞掉，又轉到另一形軀，展開另一段生命旅程，所以沒有真正的死亡，「死」只是兩段「生」之間的過渡。

此有如吾人出國旅遊，辦出入境手續，一入一出，又到了另一國度，展現另一段人生的旅程。這一兩段生的過渡，與兩國間的過境，莊子說是「化」。真君不化，而形體在轉化。

〈大宗師〉有一則寓言，頗具趣味而發人深省。云：

俄而子來有病，喘喘然將死。其妻子環而泣之，子犁往問之，曰：「叱避，無怛化。」倚其戶與之語曰：「偉哉造化，又將奚以女為，將奚以女適，以女為鼠肝乎，以女為蟲臂乎！」（註28）

子來處在喘喘然將死的臨終階段，妻兒環繞身邊哭別，本屬人情之常，未料道友來送他最後一程，卻以友朋身分，喝斥親人的悲戚落淚，站在「道」的立場，說不要驚擾那個正在轉化中的人。「其生也天行，其死也物化」（註29），他正走向從此一形體，轉到另一形體的途中，若有驚擾，可能轉一半就轉不過去了。至於物化而為鼠肝蟲臂，或以何等形體來乘載我，那是大塊造物的事。云：

不忘其所始，不求其所終，受而喜之，忘而復之，是謂不以心捐道，不以人助天。（註30）

以天地為大鑪，以造化為大冶，惡往而不可哉！成然寐，蘧然覺。（註31）

此亦「安時而處順，哀樂不能入」的達觀自在，其寢不夢，其覺無憂，「以死生為一條」(註32)，自可「遊乎天地之一氣」(註33)，「善吾生者乃所以善吾死也」(註34)的過此真實人生了。

破解有生有死的存在困局，體現不生不死的真人境界

面對「吾生有涯」的存在處境，莊子開顯大鵬怒飛的無待逍遙；通過「知也無涯」的生命困局，莊子建構了萬竅怒呺的同體齊物，讓有限人生走向無限，也讓複雜人間回歸純真。

不過，「吾生有涯」還是存在的真實，紛擾的癥結在「知也無涯」的人為造作。而心知是心執著形，形化而心然，故消解之道，在「離形去知，同於大通」的坐忘境界(註35)。在離形中去知，在去知中離形，這是二而一的工夫修養。離形擺脫生有涯，去知消解知無涯，人生兩大難關同時解開，同於大通則是「天地與我並生，萬物與我為一」(註36)的道通為一(註37)，此已然證入了不死不生之境。

處在有生有死的存在終局，老莊哲學抉發了不死不生的生死智慧。老子在出生入死間，由「不遇」而「無所」，由「不失其所」而「死而不亡」；莊子在來時去順間，

由「過渡」而「回家」，在薪盡中火傳，此解開了生死倒懸的終極壓迫。

不過，老子雖云：「天地之所以能長且久者，以其不自生，故能長生。」（註38）此等話頭，不在標榜長生不老的永恆嚮往，而在揭示天地之所以能長久生萬物的實現原理，就在天地無心，不把生封限在自身，而把天地開放給萬物，而可以長久的生成萬物。故老莊的生死智慧，不在長生不老，而在「無所」、「無死地」、「不藏」、「不死不生」的工夫，破除死亡陰影，而朗現自在天真，讓人生永不受死亡的壓迫，沒有恐懼的活出亮麗光采的一生。

莊子說：「孰知死生存亡之一體者，吾與之友矣！」（註39）這是對人間友朋交誼之道的重大宣告，友朋道義不在以友輔仁，而惟一的根本條件，在勘破生死大關，不然的話，人間美好無不以毀壞收場，交友相知反而是一生的遺憾，因為生離死別是無可逃離，豈非成了千古大痛嗎？

人是惟一知道自己會死的動物，這是人為萬物之靈的所在。問題是，靈是高貴，也是負擔，老莊哲學的生死智慧，就在破解「有生有死」的存在困局，體現「不生不死」的真人境界，讓人生自在天真。

註釋

註1：《南華真經正義》，陳壽昌輯，頁四五，新天地書局，一九七七年七月再版，台北。
註2：《南華真經正義》頁二〇。
註3：同前註。
註4：同註1。
註5：同註2。
註6：同註2。
註7：〈德充符〉，《南華真經正義》頁七五。
註8：《老子・五十章》，《老子王弼注校釋》，樓宇烈，頁一三四，華正書局，一九八一年九月初版，台北。
註9：同前註。
註10：同前註。
註11：《老子・三十三章》，《老子王弼注校釋》頁八五。
註12：《老子・十六章》，《老子王弼注校釋》頁三六。
註13：〈大宗師〉，《南華真經正義》頁九七至九八。
註14：〈大宗師〉，《南華真經正義》頁一〇八。

註15：〈人間世〉，《南華真經正義》頁六三。
註16：〈大宗師〉，《南華真經正義》頁九六。
註17：〈養生主〉，《南華真經正義》頁五〇。
註18：《南華真經正義》頁三九。
註19：〈大宗師〉，《南華真經正義》頁九三。
註20：〈大宗師〉，《南華真經正義》頁一〇二。
註21：〈知北遊〉，《南華真經正義》頁三六二。
註22：〈齊物論〉，《南華真經正義》頁三八。
註23：《南華真經正義》頁二七八至二七九。
註24：〈大宗師〉，《南華真經正義》頁九七及一〇五。
註25：《老子・二十五章》及〈四章〉，《老子王弼注校釋》頁六五及一〇。
註26：《南華真經正義》頁五〇。
註27：〈大宗師〉，《南華真經正義》頁一一〇至一一一。
註28：《南華真經正義》頁一〇五。
註29：〈天道篇〉，《南華真經正義》頁二〇五。
註30：〈大宗師〉，《南華真經正義》頁九三。
註31：〈大宗師〉，《南華真經正義》頁一〇六。

註32：〈德充符〉，《南華真經正義》頁八一。

註33：〈大宗師〉，《南華真經正義》頁一〇八。

註34：同註24。

註35：〈大宗師〉，《南華真經正義》頁一一四。

註36：〈齊物論〉，《南華真經正義》頁三〇。

註37：〈齊物論〉，《南華真經正義》頁二五。

註38：《老子・第七章》，《老子王弼注校釋》頁一九。

註39：〈大宗師〉，《南華真經正義》頁一〇三。

莊子與惠施的論學相知

前言

孔子說；「君子以文會友，以友輔仁。」君子之交的內涵，總不離詩書禮樂的人文活動，而人文活動的本質，就在仁心顯發的道義。先秦諸子間，孟子與告子論學而不相交友，莊子與惠子則論學兼相交友，孟子對告子顯是非之義，莊子對惠子多關懷之情。

莊惠之間，雖多關懷之情，然二者的生命進路，大有不同，莊子是道家，而惠子是名家。難得的是朋友之情深厚，彼此相知涵容，可以說真話，而不傷感情，故論學對辯，有相激相盪之功。

今天，朋友論交，大多泛泛，以文會友者少，以友輔仁者更是渺不可得，一如孟子與告子本學術良知以論學者少，一如莊子與惠子能相知涵容以切磋者更是無處追尋了。人我不相知，物我難感通，論學者不以真誠，交遊者率多利用，故當代人置身在複雜密切的社會關係中，卻倍感寂寞孤單，沒有論學問難的朋友，也沒有生命相知的朋友，能如莊子與惠子，既論學又相知的友誼，在人間世幾成絕響。

莊子云：「萬世之後，而一遇大聖，知其解者，是旦暮遇之也。」萬世偶遇知音，而謂一如旦暮，誠可謂知己難求了。本文即就莊、惠論學對辯，以見二者之相知涵容。

拙於用來自有蓬之心

有一天，惠子來訪，對莊子說：

「梁惠王給了我大瓠瓜的種籽，經我播種灌溉而培養長成，結的果實有五石之大。把它挖空拿來作水壺，卻由於質地太脆弱，而提不起來；把它剖成兩半，作成水瓢，又由於形狀太平淺，也盛不了多少水，我用心種植有成的大瓠奇種，說大也真大，可惜的是毫無用處，我一氣之下，就把它擊碎無餘。」

莊子聽了，回答說：

「先生，你實在是一個不知靈活運『用』的人，且讓我給你說個故事吧：某一個宋國人，擁有祖傳使手不龜裂的藥方，這一家世世代代就依靠這一帖藥方，以漂洗麻絮為業。有遠方來客尋訪而至，請求以百兩黃金的高價，購買這一祖傳秘方。宋國人怦然心動，趕快召開家族會議，陳述利害說：我們世世代代，為人漂洗麻絮，辛苦所得也不過數兩金子而已，今天只要賣出藥方秘法，就立即可得百金之多，我建議賣了吧！

遠方來客買得藥方，往說吳王，適逢越國有難，吳王就派遣他領兵進攻越國，與善打水戰的越人決戰，由於掌握了使手不龜裂的妙法，終得大敗越人，吳王就分土地封爵位給他。一樣是使手不龜裂的藥方，有的人可以運用它而裂土封侯，有的人卻不免世代辛苦漂洗勞累。

先生，你有五石大的大瓠瓜，為什麼沒有想到把它繫在你身邊，陪伴自己浮遊江湖之上，反而為了它既提不起又放不下，就一舉打碎它，顯然是你的心地長滿野草，阻塞生命通道的關係吧！」

這一段寓言，不必與真人實事相應，至少透露惠子與莊子之間的友情深厚，才會有如此親切的對話，同時也詮釋了莊子自家的生命哲學。惠施以為，我播種耕耘，就得有收成利用的報償，而利用的標準就由自我去規定，有了五石大的瓠瓜，不是想拿來作水壺就想拿來作水瓢，發覺不合己用，失望之感與憤怒之情交錯升起，似乎一場辛苦完全落空，隨之而來的是毀壞的衝動，好像不來這一下，自己就吃虧受屈似的。實則，放開自己的執著憂急，順其自然，大瓠空闊虛浮，正好可以繫在身邊，就此放浪江湖，物我之間，自在自得，豈不快哉！何苦一念偏執，毀了大瓠，也迫使當初栽培大瓠的田園之樂，轉成一段荒謬無謂的過程呢！

逍遙在無何有之鄉

在某一天的黃昏，惠子一時無聊，突然想要尋莊子的開心，就沒安著好心說：

「我種有人家稱為山椿的大樹，大根臃腫盤結，不合繩墨的標準，小枝拳曲錯繆，不能為規矩所整治，上下找不到一塊可用的材料，種在路邊，木匠行路而過，沒有人回頭探看。

老兄，我看你平素好說大話，就跟我種的山椿大樹沒有兩樣，你混跡在人群間，我看也沒有幾個人受得了你吧！」

莊子聽了，不以為意的回答說：

「先生，你那麼講求有用，難道你沒有看過黃鼠狼的那副德性嗎？隱藏自身伏兵路旁，等候攫取那些出遊的小動物，也不管地勢高低，總是這兒跳跳，那兒跳跳，自以為靈巧，一不小心，踏上了機關，不免死在獵人的網羅陷阱中。

再看山獸犛牛，體形高大，有如雲垂天旁，雖無捕捉老鼠的能耐，卻獨獨能保全自身。在二者之間，你要選擇哪一邊呢？有用喪生的黃鼠狼嗎？還是無用自全的犛牛呢？

現在你種有大樹，卻擔心它無所可用，為何你不想把它種在什麼都不想要、什麼也不忌諱的無垠鄉野上，那樣的話，你豈不是可以什麼也不用心的徜徉其間，什麼也不必煩惱的寢臥其下，沒有斧頭柴刀會來砍伐傷害它。只要你自己不求有用，這個世界又有什麼可以來困住我們、可以來痛苦我們呢？」

惠施譏刺莊子為山椿大樹，不合繩墨規矩，莊子則以黃鼠狼來譬況惠子，自陷網羅中。人生的困苦，都來自人的自困自苦，自困就心知說，自苦就生命說，心知以功名困住自己，生命局限在利祿的框框格局中，不再有開闊的自然天地任我遨遊，此正是「有蓬之心」，生命就流落在名利的算計爭逐中，本真傷損不說，尊嚴又賠了進去，既挫折又負累，既疲憊又痛苦，不就是「拙於用」的寫照嗎？

莊子說：「無所可用，安所困苦哉！」吾心不要名利，不求自己有用，生命就回歸山水田園，隨順自然作息，無為而自在，生命的大樹既遠離名利的刀斧，又有誰可以來砍毀我呢！犛牛誠然是笨拙無用，不能如黃鼠狼的風光招搖，無用是不受名利牽引，不被世俗套牢，反而能存全自己，保有乾淨，無用的本身就是大用。由是而言，人生的美景，端的是心上種來心上開，清除心中雜草，掃開滿天陰霾，吾心虛靜照明，還我一片清朗天地，這就是無何有之鄉的廣漠之野，人無為徜徉其間，逍遙寢臥其下，帝力又何有於我，當下不就是無冕王了嗎？

有人之形無人之情

惠子聽聞莊子正散播「有人之形，無人之情」的人生觀點，就前來問難說：

「人生本來就無情的嗎？」

「是啊！」莊子回答說。

「人生無情，怎能稱為人呢？」惠子再逼問。

「道賦與人相貌，天給了人形體，怎麼不能稱他為人？」莊子回答說。

「既然稱為人，怎能沒有情意的感受呢！」惠子問。

「這不是我所說的情。我所說的無情，是人的本真，不被一時的好惡之情所牽動傷損。生命要隨順自然，而不以人為來增益它。」莊子答。

「不以人為來增益生命，怎能凸顯自己呢？」惠子問。

「道給了人相貌，天賦與人形體，不隨物拉起好惡之情，而傷損了自己的真性。現在，你勞累你的精神，疲困你的生命，倚在樹邊吟唱，靠在案前養息，老天給了你生命自然，你卻造作堅白論，忙著跟人爭鳴呢！」莊子答。

人是有情，還是無情？莊子的無情，是取自然義。「形」是天道賦與，是生命的自然；「情」是益生而得，是人為的造作。故「有人之形」是因自然，清靜無為過活，就是「無人之情」。

故莊子妻死，惠子去弔唁，沒想到一上門，看到莊子正鼓盆而歌。惠子大感不滿，責備莊子說：

「人家跟你夫妻一場，為你生養兒子，身死不哭也就罷了，還兀自鼓盆高歌，你不覺自己太過分無情嗎？」

莊子平靜的回答說：

「人的形軀生命，來自自然，有如春夏秋冬的四季運行一般。或許她現在正高臥在大自然的老家安息，而我卻在這兒呼天搶地大哭，這是不知死生是自然的困惑，所以我才不哭的啊！」

莊子的生命取向，在隨順自然，甚至直以死生為自然，故何止生而無情，死亦無悲；惠子的生命取向，在造作人為，甚至直以名言空論，來凸顯自己的形相，由於「逐萬物而不反」，過於勞累疲困，果真內傷其身了。

子非魚安知魚之樂

莊子跟惠子，來到濠水之上的石橋共遊。莊子說：

「水中的小魚，自在自得的游來游去，這是魚的快樂啊！」

惠子在一旁，冷冷的回了一句：

「你不是魚，怎能知魚的快樂呢！」

莊子有心跟老友辯幾句，就順著惠子的語氣反問：

「你也不是我，又怎能知我不知魚的快樂呢！」

惠子一看莊子掉落在自己的名言析辯中，那會放過：

「我不是你，固然不知你；你本來不是魚，所以你不知魚的快樂，是可以確定的了！」

莊子戲論一句，即陷於困境，故立即翻轉回頭：

「我們不要在名言析辯上扯下去了，還是回到我們原初站在這裡的生命現境上。當你問我怎知魚是快樂的時候，你已知人我可以相知才會問我的（否則，發問不就是荒謬麼）。好，現在我回答你，我就是站在這個石橋上知道的！」

這一段辯論的背後，是兩位哲人不同的生命取向。惠子是名家，談名理；莊子是道家，談玄理。名理是客觀形式的談，概念抽象的談，玄理是主觀修證的談，生命真實的談。即以惠子「合同異」的立場，與莊子「同於大通」的理境來看，惠子是名言析辯的結論，莊子則是生命修證的朗現。吾人說同說異，必依循一標準，而標準是可以相對浮動的，故可以從最高層的絕對普遍性說萬物皆同，也可以從最基層的存在個體說萬物皆異，甚至也可以把同異的標準抹掉，「天與地卑，山與澤平」的怪論，也能成立。魚樂之辯，就落在存在個體說萬物皆異，兩個個體猶如兩個互不相通的世界，惠施自惠施，莊子自莊子，魚自魚，人我為形軀所障隔，是互不相知的。就莊子言，吾心化解主觀的壁壘，生命的城牆已拆除，溝通之路已開，故莊子自在，魚也自在，莊子自得，魚也自得，莊子快樂，魚也快樂，整個世界都是自在自得，都是快樂。

結語

莊子與惠子，一修證朗現玄理，一名言析辯名理，生命取向不同，歸結則一。莊子說「天地與我並生，萬物與我為一」，惠子說「氾愛萬物，天地一體」，故二者論學，實有相激相盪之功。

論學而後相知，相知而後有真論學，數十年切磋，惠子與莊子畢竟不同道，此對生命而言，誠然有憾，故莊子對惠子有諸多惋惜之詞。然吾人從另一角度來看，朋友相處之道，不在抹掉或改造對方的風格，而是成全雙方的真實自我，故幾十年過往交遊，莊子還是莊子，惠子還是惠子，豈不是更顯得二者的涵容相知嗎？

其後，惠子死了，有一天莊子送葬，路過惠子的墳墓，就感慨的說：

「有個郢地人，在鼻端上搽上白泥，薄如蠅翼，讓匠石來削掉它。匠石揮動大斧，快速有聲，那人聽任匠石一斧劈下，白泥盡去而鼻子無傷，猶站在那兒面不改色。宋元君聽說此事，躍躍欲試，也想請匠石去揮斧一劈，試試自己的膽識，究竟如何。匠石拒絕這一邀請：『我確有這個本領。可惜的是，可讓我揮斧一劈的對象，早已不在了。』自從先生過世，我也失去可以切磋生命的對象，沒有論學相知的朋友了。」

惠子死了，莊子的寂寞感，一定很深的吧！想想，這個世界上，能讓我們揮斧一劈而無傷的朋友，又有幾個呢？

論莊子〈天下篇〉評析各家思想的理論根據

一、前言

莊子〈天下篇〉，是中國學術史上，縱論天下思想，評述諸子百家的第一篇，且全篇氣勢磅礡，說理精當，堪稱獨步千古。梁任公云：

〈天下篇〉不獨以年代之古見貴而已，尤有兩特色：一曰保存佚說最多，如宋鈃、慎到、惠施、公孫龍等，或著作已佚，而所傳非真書，皆藉此篇以得窺其學說之梗概；二曰批評最精到且最公平，對於各家皆能擷其要點，而於其長短不相掩處，論斷俱極平允，可作為研究先秦諸子學之嚮導。（註1）

此言〈天下篇〉兩大特色：一在保存佚說、二在批評精到。而批評精到，正顯見思想家慧解洞見的功力處，且批評之所以精到，一切慧解洞見之所自出，乃在其究天人、通古今，以成一家言的形上基礎，做為其評價的根據。此一根據，才是〈天下篇〉精神命脈的所在。

千古以來，均奉〈天下篇〉為評論各家思想的經典之作，有關諸子百家的源流及其思想性格的研究，〈天下篇〉的論述與評價，幾成定論，然卻少有學人去探討〈天下篇〉評論各家思想之理論根據何在的問題。也就是僅依據〈天下篇〉的思路論點，去評析各家思想的異同得失，而從未落在更根本更先在的問題去鑽研，那就是〈天下篇〉綜論各家思想，其價值標準如何安立的問題。

吾人以為，〈天下篇〉評論諸子百家的理論根據，不能僅基於道家一派的特殊立場，否則對天下各家思想的論述，可能有失客觀，而其評價也將難期允當。故〈天下篇〉學術價值的重新評估，也當通過其形上基礎的抉發，才能有真切的肯定。

本篇論文，就志在朗現〈天下篇〉做為存在界一切價值理序之根源的形上基礎，並進而豁顯其評析各家思想的理論根據，如是，各家思想的特質分位，才有一整體性的安頓。

二、〈天下篇〉作者的判定

〈天下篇〉以其識見卓越，才氣縱橫，且文采動人，筆力萬鈞，比諸內篇〈逍遙遊〉、〈齊物論〉等代表作，毫不遜色，故咸認出自莊子的手筆。（註2）然〈天下篇〉又列在全書之末，為雜篇之一，由是認定〈天下篇〉為莊子的後序。（註3）胡適之先生雖認為「〈天下篇〉是一篇絕妙的後序，卻絕不是莊子自作的。」（註4）唐君毅先生不從古人著述體例去論斷〈天下篇〉的作者，而轉以〈天下篇〉之義理系統，判定此篇非必莊子自作。云：

今存莊子中之〈天下篇〉，統論古今之道術，而位莊子為百家之學之最高者，蓋非必莊子所著。當是道家之徒緣道家思想之線索，而更開闊其心胸，以概括古今學術，而綜貫論之之文。（註5）

此外，徐復觀先生採取不同的觀點，云：

但從〈天下篇〉的文體看，它與莊子內七篇最為接近。

又云：

再加以內篇文體之深厚奧折，瑰奇變化，則內七篇不能不承認其係出於莊子本人之手。

由是判定：

〈天下篇〉以出於莊子本人之手的可能性為最大。（註6）

再加上〈天下篇〉：

其以惠施終篇，并結以「悲夫」二字，以深致惋惜之情，正足以證明〈天下篇〉乃出於莊子之手。他人對於惠施，沒有這幅深厚感情的。（註7）

徐先生此說，不如唐先生綜論古今道術之說，更貼近〈天下篇〉的義理系統，且較具理論性的說服力。

惟〈天下篇〉雖推舉莊子為百家之學的最高峰，然仍列在「道術將為天下裂」之後，并未僅以莊學系統來概括天下古今道術之全，而是更開闊其心胸，建立一套天人內外統貫為一的道術觀，來整合諸子百家的思想，并對先秦學術做一總結的評述。

由是而言，〈天下篇〉的義理系統，當視為莊學更進一步的開展，此一如儒學後起經典「樂記」、「禮運」、「大學」、「中庸」及「易傳」各篇，皆是戰國晚期各家思想激盪會通而成的新系統（註8），年代接近，而地位等同。

三、全體大用的道術觀

〈天下篇〉最首出的觀念，乃在道術。而道術的觀念，經由對方術的超越反省而逼顯。

所謂方術，其特質在「皆以其有，為不可加矣」，此顯然是負面的意義。天下各家思想，大多止於治方術的路數，皆以自家所有的學術，已獨立完足，圓滿無缺，是無可再增加了。實則，這是蔽於一曲而不自知。故總提「道術」為一篇眼目（註9），以明治方術者封閉自限的偏失。

未料《郭象注》及《成玄英疏》，竟曲為之說，郭注云：

為其真為，則無為矣，又何加焉！（註10）

成疏亦云：

方，道也，……雖教不教，雖為不為。（註11）

此不免混亂了〈天下篇〉的義理結構，使得全體大用的道術觀，為之闇而不明，故解天下篇，當由道術與方術的超越區分，做為研究的起點。

㈠道術無乎不在的形上基礎

〈天下篇〉批判天下各家治方術的自我封陷，其評價的根據，就在「道術無乎不在」之全體大用的形上基礎。云：

古之所謂道術者，果惡乎在？曰無乎不在。

此言古，乃與今做一對照，實則道貫古今，老子云：

執古之道，以御今之有。（〈十四章〉）

執古之道，可以御今之有，就在道無古今之分，古之道，就是今之道。「古之所謂道術者，果惡乎在」的提問，旨在逼顯今之道術已不在的人為錯失。此猶如老子云：

大道廢，有仁義。（〈十八章〉）

道，做為人間一切價值理序之所以可能存在的超越根據，當然常在不廢，所謂「廢」，指的是人的生命失落了大道，故轉求人為仁義。古之道術不傳，故今之方術成家，顯赫一時。

道術無乎不在，分解撐開的說，則云：

神何由降，明何由出，聖有所生，王有所成。皆原於一。

此設問自答的神來之筆，正是全篇義理結構的樞紐。

道術的觀念，可能源自莊子內篇。云：

孔子曰：「魚相造乎水，人相造乎道，相造乎水者，穿池而養給，相造乎道者，無

事而生定。故曰魚相忘乎江湖，人相忘乎道術。」（〈大宗師〉）

魚相造乎水，只要是水，那管他是江水湖水，自可以相忘於江湖；人相造於道，只要是道，那管他是方之內與方之外，皆可遊，故可以相忘於道術。此道術的觀念，來自子貢「夫子何方之依」的提問，孔子自謂「天之戮民也」，當然是依於方內，又答子貢云：「吾與女共之。」共之，是遊於方內與方外之間，雖天之戮民，亦可來去自如的遊於道。故「術」有通於方內與方外之間的意涵。

再深入探索，此「術」的意涵，可由〈天下篇〉本身得一確解。云：

古之人其備乎！配神明，醇天地，育萬物，和天下，澤及百姓。明於本數，係於末度，六通四闢，小大精粗，其運無乎不在。

吾人試將「古之所謂道術者，果惡乎在，曰無乎不在」，與「古之人其備乎！……其運無乎不在」，前後兩句並列對看，可以尋繹出〈天下篇〉從「運」說「術」的線索，運是道的運行，當體流行，術是道的發用，即體起用，故「古之人其備乎」，「其運無乎不在」，備是全體，運是大用，道之體的無乎不在，是通過道之用的無乎不在，而成為人間一切價值理序的終極原理。

(二)其運無乎不在的全體大用

道術是有道有術，有體有用，道有內在之神體，也有外發之明用。提問「神何由降，明何由出」？自答「聖有所生，王有所成」。何由就是術，術是引道通路。道術是道體即體起用，當體流行，上之神降為下之聖，上之明出為下之王，神體明用，神降為聖，明出為王，形上之道，其運無乎不在，神體內在為人間之聖，明用下照為人間之王。從上下直貫而言，神明是上，聖王是下，從內外橫通而言，神聖是內，明王是外。神明是聖王的超越根據，神聖是明王的內在根源，是既超越又內在之全體大用的終極原理。

此上下內外是一，上之神明，降為下之聖王，內之神聖，出為外之明王，上下直貫內外橫通統合為一，道術其運無乎不在，上下內外整體是一，故謂「皆原於一」。

此王船山云：

> 一者，所謂天均也。原於一，則不可分而裂也。……一故備，能備者為群言之統宗，故下歸之於內聖外王之道。（註12）

唐君毅先生論之曰：

> 內聖外王之道，有開有合，合則為一道術之全，開則有種種方面層次之別，以與天下篇所言之不同學術，分別相應。（註13）

一，不必指天均而言，船山畢竟以《莊子・內篇》的系統，來解〈天下篇〉，郭象《莊子注》，與宣穎《南華經解》，均以「道」解「一」，有失天下篇系統脈絡中的意義。（註14）

惟船山「一故備」，與唐先生「合則為一道術之全」之說，皆切合〈天下篇〉的義理系統。「原於一」之「一」，與老子「道生一」（〈四十二章〉）、「聖人抱一以為天下式」（〈二十二章〉）之「一」不同，亦與《莊子・內篇》「道通為一」（〈齊物論〉），與入於「寥天一」（〈大宗師〉）之「一」有異。《老子道德經》與《莊子・內篇》之「一」，皆指存在界的終極原理，或無分別心的境界，（註15）〈天下篇〉皆原於一，則意指神聖明王內外橫通之一，與神明聖王上下直貫之一。由是而言，王船山與唐先生將「一」歸之於內聖外王之道，猶未得其全體大用的整全，在內聖外王之道外，尚有內神外明之道，上神下聖之道，上明下王之道，如是始得道術「其運無乎不在」的體用不二之一。

船山謂「能備者為群言之統宗」，統是統合，宗是宗主，惟有上下內外的統貫完備之一，才能成為天下思想的宗主，并以此統合諸子百家，評析其異同得失。

(三)上下內外的形上結構

此一上下內外，神聖明王的道術觀，〈天下篇〉試圖通過人的生命理境與人間政治運作的層次，給予形式的表詮。云：

> 不離於宗，謂之天人；不離於精，謂之神人；不離於真，謂之至人。以天為宗，以德為本，以道為門，兆於變化，謂之聖人。以仁為恩，以義為理，以禮為行，以樂為和，薰然慈仁，謂之君子。以法為分，以名為表，以參為驗，以稽為決，其數一二三四是也，百官以此相齒。以事為常，以衣食為主，蕃息蓄藏，老弱孤寡為意，皆有以養，民之理也。

天人、神人、至人，是在「上而內」之神的位置，以其不離，與道為一，是為神體本身；聖人是在「上而外」之明的位置，已走離天道實體，發為明用，以返照朗現其自己，故有兆於變化的明照智用；君子是在「下而內」之聖的位置，神體內在於人，做為人實現其存在價值的內在根源，是為仁心義理，仁心義理通於外，則是人間外王教化百姓的道德事業，已跨入「下而外」之王的位置，故君子通於內外之間；百官是在「下而外」之王的位置，外王的客觀建構，在禮樂教化之外，尚得以律法刑政，更具體更落實的治農耕之事，養民之衣食。

古之人其備乎，其運無乎不在，即備於運於上下內外統貫為一的道術。吾人若再進一步以學派思想詮表之，則天人、神人、至人的不離，相當於莊子之學；聖人的兆於變化，相當於老子之學；君子的薰然慈仁，相當於儒家之學；百官的治事養民，相當於法家之學。此一詮表，僅具形上結構的虛義，而非學派思想的實理。

《郭象注》以天人、神人、至人與聖人為一（註16），抹殺了其間形式結構的分異；而宣穎解以天人為第一等人，神人為第二等人，至人為第三等人，聖人為第四等人，君子為第五等人，百官為第六等人，治事養民為第七等人（註17），實則前三等皆不離天道，當同列一等，百官治事養民不必再分等，且〈天下篇〉重在通貫一體而非上下分等，宣穎又誤以「古之人其備乎」專指前四等人，而排除君子之教化與百官之治事於道術之外（註18），此有失「其運無乎不在」的根本義理。

㈣道術與方術的超越區分

今試繪一簡圖明示如下：

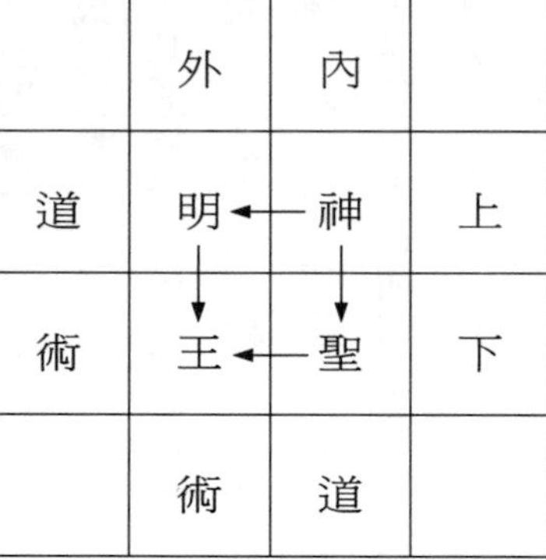

就〈天下篇〉的義理系統言，上是道，下是術，內是道，外是術，上下直貫是道術，內外橫通是道術，只有外而無內，只有下而無上，或有上卻無下，有內卻無外，則為方術。此中聖對上之神而言，是下之術；對外之王而言，則是道。明對內之神而言，是術；對下之王而言，則是道。重點在上下、內外是否通貫。就道術無乎不在，與其運無乎不在而言，是有上必有下，有內必有外的全體大用為一，然天下學術家派，體道功夫可能不真切，治學心胸也可能不開闊，在上下內外之間，各有偏執而不得其全。故一者可能有道而無術，神無由降，明無由出，聖無所生，王亦無所成，此外，神不發為明，聖不通為王，神體不發為明用，如是體是空體而不運，以其無術用可貫通於上下內外之間；三者可能有術而無道，執於下而失其上，馳於外而喪其內，如是聖固無根，王亦無本：此三者皆為方術而非道術。

不論天下各家學術，是有道而無術，還是有術而無道，就是所謂：

> 內聖外王之道，闇而不明，鬱而不發。

鬱而不發，是充鬱於內，而不能暢發於外，這是內聖不能通為外王。闇而不明，則非內外不通，而是上下有隔，上之明不出為下之王，神明之光不往下照，是以人間無光明，萬古如長夜。理論上闇而不明，當指稱上神下聖之道，或上明下王之道的上下有隔而言，〈天下篇〉單提內聖外王之道，是因為無上才無下，內外不通更先在的理由，是上下有隔，故內外不通的鬱而不發，也必然涵蘊闇而不明的上下有隔。

道術是有道有術，有體有用，當體流行，即體起用，必上下內外統體是一。然天下各家學術，為學體道，各執一偏，各得一察，或內外不通，或上下有隔，或有道而無術，或有術而無道，皆是道術的一方，而非道術的整體，道術之全體大用，就在天下各家的學術偏執中，被割裂而失落。故云：

道術將為天下裂。

此船山有云：

捐體而狥用，則於用皆忘；立體以廢用，則其體不全。析體用而二之，則不知用者即用其體；概體用而一之，則不知體固有待而用始行。

又云：

蓋君子所希者聖，聖之熟為神，神固合於天均，即顯即微，即體即用，下至名法操稽農桑畜牧之教，無不有天存焉！（註19）

船山即體即用之說，最得〈天下篇〉道術觀的真相，且直以百官治農事養民衣食之教，亦是君子事業，是聖人事業，亦為天人神人至人之事業，故曰：無不有天存焉！如是始可謂「道術無乎不在」，始可謂「其運無乎不在」。

四、古之道術的傳承與其剖裂

全體大用的道術，其運無乎不在，落在人間政治的運作而言，是「明於本數，而係於末度」，本數是上之明，末度是下之王，此道體神明之光，下照人間，就落實為內聖外王的客觀事業，且在歷史文化的傳承中開展。

〈天下篇〉言古之道術的流佈傳承有三：

一在「其明而在數度者，舊法世傳之史，尚多有之」；

二在「其在於詩書禮樂者，鄒魯之士，搢紳先生，多能明之」；

三在「其數散於天下，而設於中國者，百家之學，時或稱而道之」。

「道術無乎不在」是體，「其運無乎不在」是用，即體即用，大用流行，就在歷史文化的傳承，與人間政治的流佈中開展。故其本數之明，在舊法世傳之史的身上，尚多有保存；惟三代舊法同由世傳史官執掌，而史官所傳述者，則集結在詩書禮樂的典籍上，此孔孟儒學之徒，多能發現其本數之道，與末度之術。到了本數之明散落於天下，而末度之法，則係於各國的施放上，百家之學，各就其見聞所及，稱而道之。

此中，世傳之史的舊法，與鄒魯之士的詩書禮樂，所明所有的，尚是有本有末，本末一貫的道術整全，百家之學所稱道者，則是道術的散落，是「天下各得一察焉以自好」，雖「皆有所長，時有所用」，畢竟剖開割裂了古之道術的全體大用，而墮為不該不徧的一曲之士。故云：

> 判天地之美，析萬物之理；察古人之全，寡能備於天地之美，稱神明之容。是故內聖外王之道，闇而不明，鬱而不發。

天地之美不備，是因為各得一察，且以自好，此自我封陷，從天地的純美，與古人的全體中析判出來，僅得道術之一方，即「皆以其有，為不可加矣」，百家各據一方以說道術，則道術之全體大用，就在百家「往而不反」中，失落不見了。

天地之美不備，根由在神明之容不稱，神明的體用不合，神不外發為明，明光不下照，就是闇而不明，內聖不發為外王，就是鬱而不發。言內聖外王之道，已先在的涵蘊的上神下聖之道，上明下王之道，以神明為聖王的形上根源故。闇而不明，是神明之光不往下照，鬱而不發，是內聖之德不往外王通，皆是有道而無術，神明下不來，聖王通不出，無術可運，故上下有隔，內外不通。

綜觀〈天下篇〉對道術源流的論述，一在肯定三代以來的文化傳統，此即所謂「舊法世傳之史，尚多有之」；二在肯定承續這一傳統典籍的儒家，此即所謂「鄒魯之士……多能明之」。舍此而外，道術散落天下中國，百家各有稱道，然包括老莊在內，雖各有所明，而不能相通為一。

〈天下篇〉即以「道術無乎不在」與「其運無乎不在」的全體大用的形上基礎，對散落天下，各有稱道的百家思想，展開其評價論述的工作。

五、百家之學的評述

〈天下篇〉評析的學派思想有六：

一為墨翟、禽滑釐

二為宋鈃、尹文

三為彭蒙、田駢、慎到

四為關尹、老聃

五為莊周

六為惠施、桓團、公孫龍、辯者之徒

此一排列，到底是時間的順序，還是邏輯的順序，或是二者兼有呢？時間的順序是由儒而墨而道，道分四家，最後名家；邏輯的順序是依道家的標準看，先儒墨，再道家本身，由非道而道，由唯物而唯心，到莊子是高峰；二者兼有的說法是，既是時間的先後，又是思想的發展。（註21）依我的反省，此一排列，不可能是隨意穿插，應當有一個理序在，是依據其道術觀的價值標準，而做此安排，它不必是時間的順序，因為宋鈃尹文，田駢慎到的思想，不能在老子之前，而惠施顯然不在莊子之後，故僅能是邏輯的順序。然儒家不在其序列中，因為這是道術將為天下裂的序列，儒家則在道術之整全的正統傳承。

道術無乎不在，其運亦無乎不在，然「散於天下而設於中國」，故「古之道術有在於是者」，此「是」之所指，乃道術散落的某一端，而天下百家卻「聞其風而悅之」，此「悅」意指皆以其有，為不可加，各得一察以自好。故各家「時或稱而道之」的道術一曲，雖各有所明，然未通為一，故〈天下篇〉即根據神聖明王之上下內外的形上結構，評價各家思想的得失。

㈠墨翟．禽滑離有神而無明，無聖故無王

墨家講天志，而天人有隔，神無由降，明無由出，沒有聖的內在根源，外王事業亦告落空。兼相愛的理由，在交相利，交相利則直以功利為道義，義利因而混合不分，是謂闇而不明。其救世之業，僅以「生不歌，死無服」與「腓無胈，脛不生毛」自苦相進，并責求天下人非樂節用，「其生也勤，其死也薄」，使人憂，使人悲。以此教人，恐不愛人，以此自行，固不愛己，故曰：「其行難為也，恐不可以為聖人之道。反天下之心，天下不堪，墨子雖能獨任，奈天下何！」

墨家重外王，既無本數之明，又無末度可係，內無仁恩義理之本數，外無禮行樂和及法分名表之末度，雖熱血揮灑，慷慨悲歌，僅成「亂之上，而治之下」之局，是謂鬱而不發。其意則是，其行則非，雖天下之好，亦才士而已！

墨家之徒，有神而無明，無聖故無王，內聖外王之道，闇而不明，鬱而不發，雖枯槁不舍，日夜不休，然離於天下，其去王遠矣，下傳別墨，已轉為堅白同異之辯相訾的沒落之局。

(二)宋鈃．尹文無神而無明，無聖亦無王

宋鈃、尹文願天下安寧以活民命，人我之養畢足而止，此為墨家懷抱；不累於俗，不飾於物，不苟於人，不忮於眾，此為道家心境。禁攻寢兵，救世之戰，是墨家遺緒，接萬物以別宥為始，語心之容曰心之行，是道家修養（註22）。禁攻寢兵的外王事業，其內在根源在情欲寡淺，救民之鬥的解決之道，在見侮不辱的內在調和。此即莊子所云：「定乎內外之分，辨乎榮辱之境。」（逍遙遊）墨家救世在投入天下，宋鈃尹文卻回歸自我，因為有求於外是辱，自守於內是榮，吾心不以情為欲多，不以侮為辱，情欲寡淺則不爭，見侮不辱則不鬥，如是，豈非完成了救世之戰，與救民之鬥的大業了嗎？

此一返歸於內的修養進路，近於道家的虛靜無為，卻非主體生命的提升化解，而僅以心之容的虛靜為用，求以破解名言概念的定執。此無形上之神降明出，內無聖而外無王。既開不出禮樂法度以教養百姓，又無才情熱血以擔負天下，是以退回自我，由自我的情欲寡淺，與見侮不辱，來救世之戰，救民之鬥。

此派思想，是別墨的進一步，由繩墨自矯，備世之急，而轉向為人太多，自為太少的上說下教，雖天下不取，猶強聒不舍，不免上下見厭而強見，以此周行天下，并圖傲乎救世之士，其行適至是而止。既無道又無術，在墨道之間兩頭落空，既無墨之才情熱

血，又無道之虛靈智慧，惟困守於內而已！

㈢彭蒙．田駢．慎到無神而無明，無聖亦無王

彭蒙、田駢、慎到，是由道入法的人物。決然無主，於物無擇，是道家虛靜無為的精神，然卻無道家體道的修養工夫。

人的心知，選則不徧，教則不至，故田駢學於彭蒙的不教之道，至莫之是莫之非的無言之境。慎到棄知去己，緣不得已，有己則有建己之患。有知亦有用知之累，棄知去己，即免去自我的患累；緣不得已，即隨順外物，與物宛轉，舍是與非。且人亦當如無知之物，曰塊不失道，只要人如土塊，即遠離患累而無用聖賢了。

此派思想，無神而無明，無聖亦無王，上無神明，下無聖王，既非天下之大聖，又笑天下之尚賢，以致其所謂道非道，雖然概乎皆嘗有聞，而所言之韙，不免於非，故曰：「彭蒙、田駢、慎到不知道！」遂致天下豪傑相與笑之曰：「慎到之道，非生人之行，而至死人之理。」

田駢、慎到與宋鈃、尹文兩派，在神明聖王的全體大用中，上下有隔，內外不通，在人生的安頓上，適得其反，宋鈃、尹文困守於內，田駢、慎到流落於外。前者守住自我，以心知化解人生的屈辱，後者再把自我無掉，心知取消，人等同於物，隨順外物而

去，又何須困守自己，也就沒有人生的問題了。

㈣關尹．老聃有神而無明，無聖故無王

關尹、老聃，以本為精，以物為粗，以有積為不足，澹然獨與神明居。神明淡然是本精，人為有積為物粗，有上而無下，無內故無外，聖無所生，王無所成，遂開不出內聖外王之道。

神是道體，明是道用，神降為聖，明出為王，然老子之聖人，以天為宗，以德為本，以道為門，而兆於變化，此顯現道家由神而明的空靈智慧，奈何以虛空不毀萬物為實，既以虛空為德，則不毀萬物之實，僅為虛用，而非實理，故無聖亦無王。既無禮樂教化，又無法政養民，於政治人生，獨顯「以深為根，以約為紀」的無為，深在其神，約在其明，仍淡然獨與神明居。內聖是虛靜，外王是無為，惟言為天下谿，為天下谷，以此為至極，以此為博大，實無力開外王之客觀格局。其言其動若水，其靜若鏡，已獨取後，已獨取虛，謂真人則可，博大僅在虛靜能容，至極僅在無藏有餘。

此派思想，有道而無術，神明之光下照，惜內聖為虛用，而非實理，故無內而無外，內聖外王之道，雖未闇而不明，卻是鬱而不發，未如田駢、慎到之毀萬物，然亦曲全免咎而已！

㈤莊周有神而無明，有聖卻無王

莊周與天地一體，與神明同運，所謂「天地並與，神明往與！」此正是不離於宗的天人，不離於精的神人，與不離於真的至人。老子尚兆於變化，莊子則芒乎何之，忽乎何適，未有變化何歸的問題。

雖不敖倪於萬物，不譴是非，以與世俗處，卻獨與天地精神往來，有神而無明，不離是天地精神，不走離自己，也就沒有返照自己的神之明。老子以天為宗，以德為本，以道為門，已走離天道，而返照自身，故有兆於變化的明。莊子道體之神，內在為聖，落實為人間之具體人格的真實生命，未如老子僅顯虛靜之明，故有神而無明，有聖卻無王，以未有明光下照之故。上與造物者遊，下與外死生無終始者為友，其於本也，弘大而闢，深閎而肆，其於宗也，可謂稠適而上遂矣：應於物之化而解於物之累，然仍以物為粗，以天下為沉濁，即開不出人間禮教法政之外王。是亦有道而無術，有體而無用，未得道術其運無乎不在的全體大用。（註23）

㈥惠施．公孫龍逐物而不返

惠施、公孫龍，列於〈天下篇〉評析各家之末，以其在道術之外故也。言惠施、公孫龍一派，獨缺「古之道術有在於是者」的肯定，足見「於道未嘗有聞」。此不知「恐其不可以為聖人之道」的墨翟、禽滑釐，「雖天下不取，強聒而不舍」的宋鈃、尹文，與「其所謂道非道」，「雖然概乎皆嘗有聞」的田駢、慎到，由是竟致一曲之士的地位，亦不可得。

因為「道術」的全體大用，必落實在人生命人格的修養，與人間政教禮法的開發而言，辯者之徒，惟歷物，徧為萬物說，且散於萬物而不厭，逐萬物而不反，存雄而無術，猶自以為最賢，曰天地其壯乎。雖云：「氾愛萬物，天地一體。」此一論題，與莊子「天地與我並生，萬物與我為一」（〈齊物論〉）等同，卻僅落言說，空談名理，與生命不相干，以此大觀於天下，是「弱於德，而強於物」，然由天地之道，觀惠施之能，猶一蚊一虻之勞者也，其於物也何庸，是為窮響以聲，形與影競走，至為可悲！

此派無神無明，無聖無王，既無道又無術，卒以善辯為名，根本就流落在道術的傳承之外。

綜括上述，〈天下篇〉評析各家思想的排列，是有其邏輯的順序，此一順序，大體在由墨而道的轉變。墨翟、禽滑釐兼愛天下而救世之戰，以自苦為極而形勞天下；宋鈃、尹文退回自我，以救民之鬥，人之自守於內，就免於見侮受辱了；田駢、慎到再進一步，取消自我，不再困守，棄知去己，而隨物宛轉；老子將與外對抗，固守於內與流落於外的人生之道，往上昇，獨與神明居，且以其虛靜明照的智慧，不抗外，不固內，亦不隨外，而走「獨立而不改，周行而不殆」的自然無為之路；莊子再由形上之道的神體，往內收，而體現天人、神人、至人的生命人格，獨與天地精神往來，又與外死生無終始者為友，道家哲學到了莊子，已達圓滿高峰；來了以惠施、公孫龍的逐物而不反作結，別墨、宋鈃尹文，尚以名理來破解生命的實情困頓，惠施、公孫龍，則以反人為實，而欲以勝人為名，離道日遠，甚且自絕於道術之外。

六、結論

本文研究〈天下篇〉評析各家思想的理論根據，此一理論根據，就在〈天下篇〉本身的義理系統。而〈天下篇〉義理系統的形成，則在統合各家思想，融會貫通為一道術整全的形上架構。

〈天下篇〉就以此一上下內外的形上架構，去檢視各家想想在神聖明王的全體大用中，有無相應的分位，由是，一者分判各家思想的缺陷不足，二者顯發各家思想的獨特地位。

先秦諸子百家的學術，至此有一總結的評述。〈天下篇〉就在評析各家思想中，統合消融了各家思想。由是而言，〈天下篇〉的義理系統，已越過了莊子內篇的思想體系，而有其更開闊的心胸，自覺而有心的去建立一套綜括天下古今學術的新系統，不僅是莊學之更進一步的開展，且是天人古今道術的統貫一體。此之謂天地之純，古人之大體。

若百家之學，往而知反，返歸此一上下內外神聖明王的全體大用中，如是，既備天地之美，又稱神明之容，有道有術，有體有用，內聖外王之道，其運無所不在，自不會闇而不明，鬱而不發，道術亦不為天下裂了。

註釋

註1：《諸子考釋》頁二，中華書局，六十年十一月台四版。

註2：王船山云：「或疑此篇非莊子之自作，然其浩博貫綜而微言深至，固非莊子莫能為也。」《船山遺書全集》，冊十八「莊子解」，頁一〇四〇二，中國船山學會，自由出版社聯合印行。

註3：王船山云：「系此於篇終者，與孟子七篇末舉狂獧鄉愿之異，而歷述先聖以來至於己之淵源，及史遷序列九家之說略同，古人撰述之體然也。」前引書，頁一〇四〇一。梁啟超云：「古人著書，敘錄皆在全書之末，如淮南子要略、太史公自序、漢書敘傳，其顯例也，天下篇即莊子全書之秩序。」《諸子考釋》，頁一。

註4：《中國古代哲學史》卷二，頁一〇九，商務印書館，五十年二月台二版。

註5：《中國哲學原論》〈原道篇卷二〉，頁五九六，新亞研究所，六十二年五月出版。

註6：《中國人性論史》頁三五九、三六一、三六〇，東海大學，五十二年四月初版。

註7：前引書，頁三六〇。

註8：參見唐君毅先生《中國哲學原論》〈原道篇卷二〉，頁五九六。

註9：宣穎《南華經解》頁四九五云：「古之道術一篇眼目。」藝文印書館。

註10：見郭慶藩《莊子集釋》頁一〇六五，河洛圖書出版社，六十三年三月臺景印一版。

註11：同前註。

註12：《莊子解》，全集頁一〇四〇二。

註13：《中國哲學原論》〈原道篇卷二〉，頁五九八。

註14：郭象《莊子注》云：「原，本也；一，道。……抱一而歸本者也。」見《莊子集釋》頁一〇六六。宣穎《南華經解》云：「一者，道之根也。」頁四九六。

註15：〈齊物論〉云：「凡物無成與毀，復通為一。」此「一」指的無分別心的境界。

註16：郭象《莊子注》云：「凡此四名，一人耳，所自言之異。」見《莊子集釋》頁一〇六六。

註17：《南華經解》頁四九六。

註18：前引書，頁四九七。

註19：全集頁一〇四〇四。

註20：錢基博《讀莊子天下篇疏記》頁十九云：「說文『史，記事者也，從又持中。』故掌文書者謂之史。」商務印書館，五十九年五月台二版。

註21：參見馮友蘭《中國哲學史論文二集》頁二一二至二三一。新風圖書社發行，澳門。

註22：錢基博先生《讀莊子天下篇疏記》頁三八云：「漢書藝文志注云：『孫卿道宋子，其言黃老意。』豈以見侮不辱同於道之卑弱以自持，而情欲寡淺亦類道者之清虛以自守耶？」

註23：錢基博先生《讀莊子天下篇疏記》，取章太炎之說，認定莊子之逍遙遊為內聖，齊物論為外王，以解說天下篇內聖外王之道。頁五〇云：「惟博大乃王，惟真人斯聖。」頁五七云：「夫惟應化者，乃能外適為王。……惟解物者，乃能內通為聖。」由此說聖王，即安排老莊於道術將為天下裂的序列中，即不可解，且不合天下篇上下內外的形上結構。

《莊子》心齋「氣」觀念的詮釋問題

一、前言

解讀《莊子・人間世》所說的「心齋」工夫中，「氣」觀念當作何解的詮釋問題，就得先面對馮友蘭與張恆壽兩位先生，對〈人間世〉是否為莊子作品或可否代表莊子思想的質疑。假如「心齋」不是莊子的修養工夫，而是〈內業〉、〈白心〉等篇的方法（註1），或是疑心〈人間世〉前三章，至少是第一章比〈白心〉等篇包含更多的宋尹學說（註2），那麼，所謂的「聽之以氣」，就得落在稷下黃老之學，或宋尹學派的思想系統中去尋求一致的解釋（註3），而不再是《莊子・內篇》核心思想的原貌了。

此說受到崔大華與劉笑敢兩位先生的強力批判，崔大華先生由三項論據，一是《莊子》各篇中對莊子生平言行的記述，二是《莊子・天下》對莊子思想的概述，三是《荀子》對莊子思想的評述，與內篇意旨做出對照印證，所下的論斷是：「確定《莊子・內篇》所反映的思想，特別是人生哲學思想，是莊子思想的核心部分，是莊子本人的思想，是莊學之源。」（註4）

劉笑敢先生將〈人間世〉前三節的觀點，與〈內篇〉各篇做比對，而推翻了張恆壽先生所論定的〈人間世〉前三節與後四節分屬不同的類型，且後四節是莊子早期作品，而前三節為宋尹派作品的說法（註5）。其獲致的結論有三：一是〈人間世〉前三節與後四節也有一定聯繫，不應把前三節與後四節截然分開；二是這也證明〈人間世〉前三節，與《莊子‧內篇》各篇有一定的聯繫，而這種聯繫明顯多於它與《外雜篇》，或《管子》等書的聯繫；三是這也說「心齋」與「坐忘」、「見獨」都是相通的，如說「心齋」不是莊子的修養方法，根據是不足的。（註6）

本文即依據崔大華與劉笑敢兩位先生的分判，進行《莊子‧人間世》「心齋」工夫中「氣」觀念當該如何詮釋較為切當的討論。

二、問題的提出

《莊子》思想的「氣觀念」，有謂「氣是物質世界的最初狀態，人就是從這種狀態演變出來的」（註7）；有謂「氣是構成萬物的基始」（註8）而其論據皆在外雜篇的〈至樂〉、〈秋水〉與〈知北遊〉等篇（註9）。〈內篇〉中做為形構之始基的氣，有如下數條：

大塊噫氣，其名為風，夫唯不作，作則萬竅怒號。（〈齊物論〉）

陰陽之氣又沴，其心閒而無事。（〈大宗師〉）

父母於子，東西南北唯命之從；陰陽於人，不啻於父母，彼近吾死，而我不聽，我則悍矣，彼何罪焉！（〈大宗師〉）

彼方且與造物者為人，而遊乎天地之一氣。（〈大宗師〉）

除了「大塊噫氣」，象徵本體宇宙論的根源之道外，構成人體的自然材質，是陰陽之氣，天地萬物的存在，也在一氣之化中。劉笑敢先生據「伏羲得之，以襲氣母」（〈大宗師〉），並引成玄英疏：「元氣之母，應道也。」認為氣之上還有更根本的存在，從而論定莊子的思想，應是「氣由道生，道為氣本」。聲言這和精氣說，認為道就是氣，把氣當做最根本的存在是不同的（註10）。實則，「伏羲得之」，已體得了「神鬼神帝，生天生地」的道，即可契入元氣之母，不必轉由成玄英疏，來做出道與氣之兩層存有的超越區分。

《莊子・內篇》所說的氣，皆指涉修養工夫的論述：

汝遊心於淡，合氣於漠。（〈應帝王〉）

吾鄉示之以太沖莫勝，是殆見吾衡氣機也。（〈應帝王〉）

> 且德厚信矼，未達人氣，名聞不爭，未達人心。（〈人間世〉）

> 無聽之以耳，而聽之以心；無聽之以心，而聽之以氣。耳止於聽，心止於符，氣也者，虛而待物者也。唯道集虛，虛者心齋也。（〈人間世〉）

此「合氣於漠」，劉笑敢先生解為：人的精神活動也和氣有關，通過「合氣」於自然，來保持精神的平靜和諧（註11）。實則，重心在淡漠的修養，而修養的主體在心，「遊心於淡」是無心，「合氣於漠」是無為，無心知執著，也無人為造作，則心可遊，而氣能合，正與「以襲氣母」相呼應。可遊於天地之正，而能合於六氣之變，遊心於淡則自達人心，合氣於漠則自達人氣，「未達」之癥結，在未有主體之自我消解的工夫。德厚信矼所以未達人氣，名聞不爭所以未達人心，乃因聽之以心而心止於符之故，責求天下人符合自家心知執著的價值標準，正是「彊以仁義繩墨之言，術暴人之前者」（〈人間世〉），凸顯了自家的善德美名，而未有貼心的理解與體貼的感受，你的善在他的心之外，你的美在他的氣之外，是則人世間的救人行動，皆成了以他人之惡而有自家之美的災人。故要無聽之以心，而聽之以氣，在無心無知的虛靜觀照之下，生命之氣即自在流通，故無聽之以心，正所以達人心，而聽之以氣，正所以達人氣。

若未就修養工夫來解讀，則「氣也者，虛而待物者也」，會有「氣是瀰漫宇宙的普偏存在，它的特質在於它本質是虛無，然而卻能顯現在具體事物的存在狀態中」（註12）的誤解。實則，虛就是無聽之以心，待物也就是聽之以氣了。

而太沖莫勝的衡氣機，則在杜德機的地文與善德機的天象之間，維持平衡的生命氣象，當下一機不給出任何朕兆，讓人無從論斷其禍福壽夭，此與聽之以氣的「虛而待物」，其原理皆在致虛守靜的修養，崔大華先生不從修養論來思考，反而把「氣也者，虛而待物」當做氣之實然的界定。

問題出在，「心齋」工夫的進程理序，由聽之以耳，再聽之以心，終歸聽之以氣，而氣是形構的基始，是構成物質世界的基本元素，且陰陽之氣的運動是獨立於人的意志之外的（註13），如是，第一層次的聽之以耳，與第三層次的聽之以氣，要如何簡別，且「氣」既獨立在人的意志之外，又如何通過主體的修養而朗現？此得就《莊子・內篇》心德寄寓在形、氣、物之上的存在格局做一考察。

《莊子・內篇》中諸多心與形、德與形、心與氣、心與物對舉的語句：

其形化，其心與之然。（〈齊物論〉）

形莫若就，心莫若和。（〈人間世〉）

且彼有駭形，而無損心。（〈大宗師〉）

支離其形者，猶足以養其身，終其天年，又況支離其德者乎？（〈人間世〉）

故德有所長，而形有所忘。（〈德充符〉）

未達人氣，……未達人心。（〈人間世〉）

女遊心於淡，合氣於漠。（〈應帝王〉）

且夫乘物以遊心，託不得已以養中。（〈人間世〉）

從心與形、心與物、心與氣對舉而言，生命主體的心，寄託在形物之氣上，由是而言，氣與形、物屬同質同層，指涉的是人的自然生命，另從德與形也對舉來看，心與德也屬同質同層。

〈齊物論〉有云：「一受其成形，不亡以待盡。」其主語省略，看上下語文脈絡，當該是「不論求得與不得，無益損乎其真」的德，是人之所以為人的天真本德。求不求在心，得不得是德，故心是活動義，德是存有義。另〈德充符〉有謂：「德者成和之修也。」天真本德成於心和之修，修養工夫在心上做，而在「德」上得收穫。（註14）

倘若上述所言成立，然則，聽之以耳的耳目官能，與聽之以氣的形氣材質，豈非落在同一層次，何以莊子的「心齋」工夫，會將聽之以氣，安放在聽之以心之上？從人的存在格局而論，氣在心之下，從修養工夫而論，氣反而在心之上，如是《莊子內篇》所謂的氣，似有兩層的意思，此即「心齋」最難解的問題。

三、由「專氣致柔」到「聽之以氣」的工夫理論

㈠老子「專氣致柔」的工夫意涵

《老子》言「氣」的章句不多，今引數條以論之：

> 專氣致柔，能嬰兒乎！（〈十章〉）
>
> 心使氣曰強。（〈五十五章〉）
>
> 萬物負陰而抱陽，沖氣以為和。（〈四十二章〉）

萬物的實然存在，既背負陰又懷抱陽，而陰陽皆氣，映照於「道生一，一生二，二生三，三生萬物」（〈四十二章〉）的實現原理來看，一是氣，二是陰陽，三是陰陽之和。關鍵在「沖」，氣要能虛，才能保有生命的和諧，一如「道生一」的生成原理，道體的本身是「無」，一是「有」，二是天地，三是天地之和。是「物形之，勢成之」

（〈五十一章〉）的形構之理，也在「沖虛」。

在人生成長路上，心有知的作用，知的本質是執，心知的執著會介入氣，助長氣，甚至扭曲氣，氣轉成英雄志業的工具，證明自己是強者，而以強勢的姿態出現，此人為造作，會適得其反，「物壯則老，謂之不道，不道早已」（〈五十五章〉），心使氣而求其物壯，物要壯大自己，生命力透支，而加速走向衰老之境，此不合天地自然之道，死亡反而提早到來。

人生的難題在心而不在氣，故工夫修養就在無心無知，心知退出，不干擾不妨害，氣就可以回歸氣的本身，專一其氣，氣只是氣，氣回歸自然，生命自歸於有如嬰兒的柔和之境。故老子曰：「守柔曰強。」（〈五十四章〉）又說：「強行者有志。」（〈三十三章〉）心使氣而志強行，而自謂有志氣，此皆心知執著而帶動的人為造作，故老子要「虛其心，實其腹，弱其志，強其骨」（〈三章〉），虛心弱志，就是心不使氣而志不強行，氣得以回到氣本身的柔和，而此柔和，才是自然的堅強，也就是實其腹強其骨。

依此解析，照看《莊子》「心齋」工夫的聽之以氣，即從《老子》的「專氣」說而來，「氣也者，虛而待物者也」，也就是心不使氣的工夫修養，工夫在心上做，所以說「無聽之以心」。這時，「虛而待物」有如「沖氣以為和」，「虛」統貫了存在之理與形構之理，虛而後能和，「待物」也就等同「生物」了，而這是道家式縱貫橫講的生成原理。

(二)莊子「心齋」工夫的理序與進境

從「無聽之以耳，而聽之以心；無聽之以心，而聽之以氣」來看，此一兩段式的修養工夫，實包含有聽之以耳、聽之以心、聽之以氣的不同應世態度，且此一不同，不是界域的區分，而是層次的遞升。兩「無」字是工夫字眼，是超離的意思，第一階段從聽之以耳超離，就會「徇耳目內通」而聽之以心，問題在，心有知的作用，而知是執著，故第二階段再從聽之以心超離，在「外於心知」中而聽之以氣。此唐君毅先生言道：

〈德充符〉言「以其知得其心，以其心得其常心」其言由知以至心，以至常心，正與此篇所謂以耳聽、以心聽、以氣聽三者相當。則心之虛，至於只以氣待物，即謂只此由心齋所見得之常心，以待物也。人不以一般耳目之知與一般之心聽，而只以此虛而待之氣或常心聽，即足以盡聽人之言，而攝入之。是即不同於「聽之以耳」者，止於知其聲，亦不同於一般「聽之以心」者，只求其心之意念，足與所聽者相符合；而是由心之虛，至於若無心，使所聽

之言與其義，皆全部攝入於心氣之事也。（註15）

這一段解莊子「心齋」工夫的析論，以莊解莊，最為貼切。惟其中難以理解者，在「聽之以心」而「心止於符」，說「只求其心之意念，足與所聽者相符合」，此與「未成乎心而有是非，是今日適越而昔至也」（〈齊物論〉），與「其分也，成也；其成也，毀也」（〈齊物論〉）之是非出於心知執著之說不合。而應倒轉過來求解，是責求外在發生的物事，要符合心知執取的價值標準，且「聽之以氣」的「氣」，而以「常心」來理解，似與「氣」本為形氣材質義有落差。此徐復觀先生云：

> 聽之以氣，即下文所謂「徇耳目內通而外於心知」，即是讓萬物純客觀地進來，純客觀地出去，而不加一點主觀上地心知的判斷。……莊子既將形與德對立，以顯德之不同於形，則他所追求的必是一種精神生活，而不是塊然地生理生活。若此一看法為不錯，則他所追求的精神生活，不能在人的氣上落腳，而依然要落在人的心上。因為氣即是生理作用，在氣上開闢不出精神的境界；只有在人的心上才有此可能。……氣實際只是心的某種狀態的比擬之詞，與老子所說的純生理之氣不同。這便是他和慎到表面相同，而根本不同

之所在。（註16）

此說點出了「聽之以氣」的工夫，仍得落在心上做。在論定氣只是生理作用，開闢不出精神境界，又敏銳的解說氣實際上只是心的某種狀態的比擬之詞，總算為「聽之以氣」留下可以解讀的空間。此牟宗三先生云：

王充之材質主義，亦函自然主義，其所言之自然，雖於某點上可接合道家，然彼究非道家所言之「自然」。彼只是材質主義之自然，而非道家從修養境界上所言之自然。……此從「心」上言，非從「氣」上言也。王充之自然，只是天地施氣之自然，此是落於「實然」上而平說，非逆提而自「道心」上說也。（註17）

唐、牟、徐三家，皆判定道家的修養工夫，當在心上做，而不能落在實然的氣，且此一自致自守的虛靜心，唐君毅先生說是「常心」，牟宗三先生說是道心。而徐復觀先生對「聽之以氣」的解釋，「讓萬物純客觀地進來，純客觀地出去」，此說與唐君毅先生所解的「以盡聽人之言而攝入之」，各擅勝場，唐先生重在虛而能容的奧藏義，徐先生重在虛靜如鏡的照現義。不過，唐君毅先生另有微妙之言：

> 有所聞，則自聞此所聞，有所見，自見其所見；而後使此心知不外馳，乃循耳目之所及以內通，以神直與所見所聞相遇之謂也，……收此視此聽此心，更不外馳，以止於所視所聞所思而已矣。（註18）

此說與徐復觀先生之觀點，有相互發明之處，聽之以氣，而止於所視所聞所思，已有在觀照中朗現萬物之義。而以「神」來解聽之以氣的「氣」，似乎透露一點靈光。此劉笑敢先生亦有類似的說解：

> 心齋的實質，即是一個虛字，要達到心靈的虛靜，必須「無聽之以耳，而聽之以心；無聽之以心，而聽之以氣」（〈人間世〉），亦即拋棄耳目心思，純由神秘之直覺。（註19）

他又將心齋與坐忘做了比較對看：

同於大通，即與道合一。要與道合一，就必須拋棄感覺和思慮，同於大通既是一種直覺的認識，也是一種個人與最高存在合為一體的神秘經驗。（註20）

此言「同於大通」可與「聽之以氣」比較求解，聽之以氣當該是與最高存在合為一體的生命境界。倘若不通過修養工夫來思考，而以認識方法來立論，則此一境界的開顯，即無由而得，故轉言神秘之直覺或神秘經驗。

依吾人之見，除了引據「以其知，得其心；以其心，得其常心」與「徇耳目內通，而外於心知」等兩段話以求解之外，也可與「坐忘」做對比。不過，《莊子‧內篇》另有「庖丁解牛」的寓言，其解牛的進程理序，最可與「心齋」工夫相印證：

始臣解牛之時，所見無非牛者；三年之後，未嘗見全牛也；方今之時，臣以神遇而不以目視，官知止而神欲行。（〈養生主〉）

庖丁為文惠君解牛，顯然在展現工夫，解牛的過程在音樂的節奏與舞蹈的動作中進行，正是一體道證道的進程。「臣之所好者道也，進乎技矣」，早已越過技藝演出的層次，而是道的開顯朗現，此顯示三段進程與理序：

一是始臣解牛之時，所見無非牛者。

二是三年之後，未嘗見全牛也。

三是方今之時，臣以神遇而不以目視，官知止而神欲行。

第一層次，所見無非牛者，眼前一龐然大物的牛體，是一障隔，也是負累；第二層次，未嘗見全牛也，牛不再以血肉形軀的姿態出現，而是有脈絡可循的牛體架構；第三層次，以神遇牛，感官與心知的作用完全止息，而聽任心神隨心所欲前行。（註21）

第三層次是神遇，第一層次是目視，問題出在第二層次，莊子未點明。從「官知止」來看，若作感官知其所當止解，僅能解釋第一層次的目視，相當於聽之以耳，而未有聽之以心之第二層次的心知，而直接跳昇至第三層次聽之以氣的神遇。那第二層次，究以何眼看牛，而會是「未嘗見全牛」，在語文脈絡上遂無跡可尋；倘若採取「官與知皆止」的另一解法，則豁然開朗，未嘗見全牛，乃是以心知牛，以心知的抽象思考來看牛，故只看到骨節架構，血肉已被抽離，解牛大為簡易，可以「依乎天理」、「因其固然」，引刀往骨節空處批開前行，而不會去切割砍斫牛體。

到了第三層次，以神遇牛，無厚刀刃入於有間牛體，牛體迎刃而解，而刀刃完好如初，此時牛體已非血肉形軀與骨節間架，而昇越為神氣風骨，已屬主體修養虛靜觀照所朗現的精神境界。此劉笑敢先生有云：

開始解牛時，全以目視，所見無非全牛，只是憑藉技術解牛，三年後乃以神遇而不以目視，可以直接透視牛體，運刀之處為所欲為，無不合乎天理固然，這時可謂有道矣，「進乎技矣」。有道之時，「官知止而神欲行」，即停止五官和知覺的作用，全憑精神直覺而行。（註22）

此將庖丁解牛簡化為技與道兩層次，未在「三年以後」與「方今之時」做出區隔，也未在感官與知覺的作用間，另給出以心知牛的層次。崔大華先生亦然，云：

由對牛的表體形態（全牛）的感官所知（目視），上升到對牛的內在結構（牛之固然）的理念（神遇）的過程。（註23）

在莊子看來，對作為一類事物的內在本質的「天理」、「固然」的認識，還不是最後的最高的認識，……那麼這無所待的根源是什麼？無疑就是「萬物之所係而一化之所待」（〈大宗師〉）的道。（註24）

崔大華先生對第三層次的「道」，已與第二層次的「固然」、「天理」作出區隔，卻仍將神遇歸之於內在結構的認知，而未在神遇之下，另立心知的層次。

不過，在詮釋「逍遙境界」時，見解相當透闢。云：

> 這種逍遙心境的形成——一切感性，情感的理性、理智升華——也不是一般的思維認識過程，而是一種特殊的，對萬物根源「道」的直觀體悟。（註25）

若感性是聽之以耳，理智是聽之以心，是則所謂升華則為無聽之以心，而直觀體悟萬物根源的道，則是聽之以氣的境界了。

順此思路，將庖丁解牛與心齋工夫做對比觀察，第一層次的目視，是聽之以耳，第二層次的心知，是聽之以心，第三層次的神遇，是聽之以氣。二者統貫會通來理解，一方面由聽之以心來填補未嘗見全牛，到底以什麼眼來看的空缺，二者又由神遇來詮釋聽之以氣的意涵。

「氣也者，虛而待物者也」，虛是由「無聽之以心」的修養而來，心致虛守靜，虛靜心有觀照的作用，在照物中生物，「虛而待」等同「無待」，主體無待而放開萬物，讓萬物自在自得，看似橫攝的「待」，實則是縱貫的「生」，是為縱貫橫講的境界型態。

無掉心知的執著，也無掉人為的造作，氣未受心知的制約束縛，氣未在心知的壓縮下扭曲變形，可以無所壓抑，也不必隱藏的顯現它自己，伸展它自己，由是，在無聽之心的釋放之下，「氣」回歸氣的本身，沒有禁忌，沒有猜疑，無了心知的「名」，就可以解開生命的「刑」，氣在心知退出中還歸它自己的本真柔和。以是之故，牛也由目視的血肉形體，轉為心知的抽象架構，再升為神遇的神氣風骨，這是心知釋放之下，自在自得的牛，是境界美感的牛。牟宗三先生云：

> 然人能自覺地作虛一而靜之工夫，以至於聖人或至人之境界，而大鵬尺鴳，乃至草木瓦石，則不能作此修養之工夫。故「放於自得之場，逍遙一也」（按郭象注莊語），此一普偏陳述，若就萬物言，則實是一觀照之境界。即以至人之心為根據而來之觀照，程明道所謂「萬物靜觀皆自得」者是也。（註26）

是則，「無聽之以心」，是工夫在心上做，「聽之以氣」，則是工夫所開顯的境界。聽之以心是心知的執著，心止於符是人為的造作，在聽之以心而心止於符之下，天下萬物被牽動而流落，被壓縮而變形，今無聽之以心，而聽之以氣，天下萬物存在之氣，被釋放而出，而以自家的本真面貌出現。原來，二者乃一體之兩面，一者做工夫，一者顯境界，有了修養的工夫，才有境界的開顯。

「虛而待物」直如「虛室生白」，「待」一轉而有「生」的功能；再看，「吉祥止止」，虛室等同「止」，吉祥美善無異那生發光明的「白」。而「惟道集虛」，「集於虛」如同「止於止」，意謂道生萬物的作用，就在吾心虛靜觀照中朗現。（註27）

四、結論——德充符與心止於符的超越區分

聽之以心的心止於符，《成玄英疏》云：

> 符，合也。心起緣慮，必與境合，庶令凝寂，不復與境相符。

此說適得其反，不是心與境合，而是境合吾心，且「止」不是「止息」的意思，而當「僅止於」解，意謂心知最大的功能，充其量也僅能責求天下物象符合自己執取的價值標準。如是，等於心知介入氣，也扭曲氣，此一「符」字，如同畫符唸咒般，意圖控

制外物。

此外，「符」另有高一層次的意涵，那就是「德充符」，《郭象注》云：

德充於內，物應於外，外內玄合，信若符命，而遺其形骸也。

德充於內，德是存有論的天真，由《老子》「上得不德，是以有德」（〈三十八章〉）來看，不德才有德，也就是德不形於外而「才全」，不德與德不形是「無」，有德與才全是「有」，又有又無是玄，而「有生於無」（〈四十章〉），德充於內是「無聽之以心」，物應於外是「聽之以氣」，內是虛靜的「無」，外是符應的「有」，外內在又有又無間玄合，有如信符般一體無間，遺其形骸，是放下了形骸，也就是釋放了形氣。

綜合全篇，解讀《莊子．內篇》的「氣」，可有三個結論：

一是就存在格局而言，心與德皆寄身在形氣形物中，此氣是中性的，僅表述萬物形構的基本材質，是「通天下一氣耳」的氣。

二是就存在的困局而言，心會起知的作用，而知的本質是執，如是，「吾生有涯」的氣，被牽引而追隨「知也無涯」的心知而走，這是被心知制約下的氣。

三是就修養工夫所開顯的境界而言，無聽之以心，心知不起執著，不去宰制氣，而給出自在的天空，聽之以氣，即是心知釋放出來的氣，在主體修養的靜觀之下，萬物皆自得的氣，是「遊乎天地之一氣」的氣，氣已融入萬物，而與萬物無隔。

如是，「心齋」工夫「聽之以耳」與「聽之以氣」的混同，可以釐清；而「聽之以氣」在層次上高於「聽之以心」的疑惑，也可以解開。

註釋

註1：馮友蘭《中國哲學史新編》第二冊，頁一一七云：「坐忘是代表莊子所以為莊者，心齋則不然。」頁一三七云：「這是〈內業〉、〈白心〉等篇的方法。這種方法要求心中『無知無欲』，達到『虛一而靜』的情況。」臺北：藍燈文化公司，一九九一年二月出版。

註2：張恆壽《莊子新探》頁九九云：「如果《管子‧白心》篇包含宋尹學派的部分遺說，那麼人間世第一章就比〈白心〉等篇包含更多的宋尹學說。」頁八五云：「而開首三章，亦即一向認為代表〈人間世〉特點的部分，卻是《莊子》書中另一類型的文字。」

湖北：人民出版社，一九八三年九月第一版。

註3：同註1，頁二一五云：「我認為《管子》中的〈白心〉等四篇，不是宋鈃、尹文一派的著作。不過這四篇是很重要的，它是一個體系，這個體系就是稷下黃老之學。」張恆壽《莊子新探》頁九七云：「從這三章的整個態度，及個別字句看來，我疑心它是屬於戰國晚期宋、尹學派的作品。」

註4：崔大華《莊學研究》頁八六—八九。北京：人民出版社，一九九二年十一月第一版。

註5：同註2，頁八四—一〇〇。

註6：劉笑敢《莊子哲學及其演變》頁二四—二六，北京：中國社會科學出版社，一九八八年二月第一版。

註7：同前註，頁一三六。

註8：同註4，頁一〇六。

註9：〈至樂〉篇云：「察其始而本無生，非徒無生也，而本無形，非徒無形也，而本無氣，雜乎芒芴之間，變而有氣，氣變而有形，形變而有生。……」

〈秋水〉篇云：「自以比形於天地而受氣於陰陽。」

〈知北遊〉篇云：「人之生氣之聚也；聚則為生，散則為死。……曰通天下一氣耳。……」

註10：同註5，頁一三六—一三七。

註11：同註5，頁一三七。

註12：同註4，頁一〇六—一〇七。

註13：同註5，頁一三六。此段劉笑敢先生的論證，大有商榷的餘地。引「事若不成，則必有人道之患；事若成，則必有陰陽之患」來進行解析，說「人道之患指刑罰殺戮，是人為的；陰陽之患指寒熱加身，是自然的」，由是而下了此一斷語，陰陽之患不是指涉陰陽之氣的災害，而在描述人心的患得患失，有如天氣的陰晴不定，而其化解之道就在不執著無分別，不比較無得失。

註14：牟宗三《才性與玄理》頁二四，云：「道家將氣性、自然之質、氣一起融於自然生命中，而就自然生命原始之渾樸以言性，是性亦沉在下者。工夫則在心上做，心亦是越乎性而在性上者。惟對性的態度，則在養而不在治。清心靜心虛心一心以保養原始渾樸之性而不令其發散，此即所謂養生也。養生即養性，在心上用功，而在性上得收穫。」香港：人生出版社，一九七〇年六月再版。

註15：唐君毅《中國哲學原論》〈原道篇〉，頁三六七，香港：新亞書院研究所，一九七三年五月出版。

註16：徐復觀《中國人性論史》〈先秦篇〉，頁三八一—三八二，臺北：臺灣商務印書館，一九六九年出版。

註17：同註14，頁四一—四二，臺北：臺灣學生書局，二〇〇二年出版，九刷。

註18：同註15，頁四四。

註19：同註5，頁一七五。

註20：同前註。

註21：同註15，頁三八云：「莊子所視為可與性相違之心知，則初為一認識上向外尋求逐取，而思慮預謀之心知。」

註22：同註5，頁一七五。

註23：同註4，頁二八七—二八八。

註24：同前註，頁二九二。

註25：同前註，頁一六一。

註26：註14，頁一八二。

註27：請參閱筆者《中國哲學論集》〈老莊道家論齊物兩行之道〉，頁四〇七—四一三解「惟道集虛」節，臺北：臺灣學生書局，二〇〇四年三月增訂三版。

《莊子・秋水》何以見外？

一、前言

《莊子・秋水》，列於外篇，然評價甚高，方人傑《莊子讀本》云：「讀莊子秋水，真有潮海之勢，浩浩蕩蕩，不見水端，而諸君瞠乎其後者矣。胡可及哉！胡可及哉！能以雋思逸筆，寫深微之理，能以恆情俗態，作奇幻之文，其中位置天然，節奏妙合。從來文章之家，並未有此手筆。」（註1）又林雲銘《莊子因》云：「自內篇〈齊物論〉脫化出來。立解創闢，既踞絕頂山巔，連詞變化，復擅天然神斧，此千古有數文字，開啟後人無數法門。」（註2）僅引據兩家之說，不論是筆觸文采與思想理路，評價可謂絕高，堪稱上乘之作，何以竟流落於「外」？

王船山《莊子解》說〈秋水〉：「因〈逍遙遊〉、〈齊物論〉而衍之。」（註3）林雲銘《莊子因》說自內篇〈齊物論〉脫化而來，劉笑敢將〈秋水〉判為「闡釋或發揮內篇思想觀點的第一類」（註4），或說是「述莊派」（註5）；張恆壽則將〈秋水〉歸屬「莊子派」之作，且謂「一向稱為文學傑作」與「頗具代表性」，「不論思想上、文風上都可以和〈逍遙遊〉、〈齊物論〉並稱」（註6）。

《莊子》內、外、雜篇的區分，不論是出於西漢劉向所編校整理（註7），還是晉郭象所刪削修訂者（註8），吾人想探問究竟的是，何以竟擺列外篇，道理何在？

二、〈秋水〉全篇之理論架構

〈秋水〉由河伯與海若的七則對話，與六則的寓言故事，組合而成。主軸在七則對話的析論說理，六則寓言扮演的是敘事印證的角色與功能。全篇理路架構循序展開：

㈠理論思路

1.河伯以水自多，欣然自喜；海若方存乎見少，又奚以自多。問的是河伯就小，海若就大嗎？

2.論客觀評量的不定性：一在量無窮，以遠近觀的空間點是無窮盡的；二在時無止，以古今驗的時間點是定不住的；三在分無常，以盈虛察的氣運是流轉不定的，故此生的得失分量是無定常的；四在終始無故（固），以大道（坦途）明的生命終始，在氣之聚散間，生死是無固常的，世間事既不定無常，問的是憑什麼定大小的端倪與界域？

3.說主觀感覺的限制：一在自大視細不明，二在自細視大不盡，此由視角官能的限度，而有不明，不盡的錯覺印象，再心知誤判「不明」為「無形」，「不盡」為「不可圍」。實則，再小亦小，再大亦大，既屬有形，則為數之所能分，與數之所能窮，故「至精無形，至大不可圍」之說，不能成立，且道妙不可以物之精粗來理解。

4.解析以差觀之的大小差數，以功觀之的有無功分，以趣觀之的趣操然非：在物各付物的順任（因）之下，大可以是小，小可以是大，所謂差別定數的真相，在此可以想見；所謂功能分量，在東西之相反，而不可相無間，完全顯現；所謂的志趣操持，在堯桀的自是而相非間，志趣能有多少操持，也就可以想見。既真相如此，問的是人間還會有大小、貴賤的分別嗎？

5.以道觀之，何貴何賤？何少何多！貴賤在相反中蔓衍，多少在更替中移易，反衍是在貴賤的蔓衍中回歸，謝施是在多少的施用中超離。人人回歸其自身，在萬物一齊中又孰短孰長！惟固將自化而已！

6.既物將自化，又何貴於道？在超離世俗之二分中回歸道。由體現道而通達於存在之理；再由虛靜明照而通權達變，物無害者。至德天行，本於天的自在，而定位於德的自得。道的尊貴就在尊道而貴德中，自在自得。

7.既言天人之行，那何謂天？何謂人？牛馬四足的天生自然是天，落馬首，穿牛鼻的人為造作是人。故不要以人為失落了天的自然，不要以造作失落了命的自在，不要以求名失落了德的本真（註9），總說就是反其真。

(二)寓言印證

1.以一足、多足、無足、無形、無聲以至於無限的序列相憐，說動吾天機，集眾小勝為吾大勝，此印證「無以人滅天」。（註10）

2.以窮之有命，通之有時，承受命的有所制限，猶臨大難而不懼的聖人之勇，此印證「無以故滅命」。

3.以坎井之蛙，不知東海之大樂，說公孫龍不知自家理論之欠缺深度，與智慧的有失高度，僅依恃其辯才無礙，試圖與莊子論道，猶邯鄲學步，失其故行，直匍匐而歸耳，此印證「無以得殉名」。

4.說與其死為靈龜，藏身廟堂之上，無寧生而曳尾於塗中。此二度印證「無以得殉名」。

5.說鴟得腐鼠，而向天空嚇鵷鶵，諷喻惠施之以梁相權位嚇我耶！此三度印證「無以得殉名」。

6.以莊周、惠施的濠梁之辯，說回歸生命存在，在每一當下的真切感受，人可知魚，魚亦知我，「知之濠上」乃當下現前的存在真實，與理論之辯完全不相干。此印證「反其真」。

宣穎言〈秋水〉之理路架構，云：「假河伯海若問答，一層進似一層，如剝蕉心，不盡不止。學道最忌識卑，第一番要見大，見大似可忽小；第二番不可忽小，然小大俱當究心矣；第三番小大一齊掃卻，掃卻小大則物何故又有個小大；第四番本無貴賤小大，既無貴賤小大，學者何所適從？將何者當為？何者當不為；第五番為不為一齊放下，止是無方自化，如此似乎無取學道；第六番知道者超然物外，純乎任天，則是無方自化，道之妙處，正天之妙處，豈不足貴，天人何所分別；第七番自然者是天，作為者是人，故不可以人滅天。不可以人滅天，豈可以故滅命；不可以故滅命，豈可以名喪德。凡七番披剝，用此三句一束，結出反真，蓋漸引漸深，造乎極微而後止也。」（註11）古今名家說〈秋水〉全篇之理路架構者，無過於這一段之簡要精到。

三、〈秋水〉有進於內篇的精到立論

(一)主軸在破解小大多少的執著與分別

〈秋水〉全篇主軸，在直接破解心知的執著與分別。王船山云：「物論之興，始於大小之殊觀。……繇其有大小之見，而有貴賤之分，繇其有貴賤之分，因而有然否是非之異。繇其有小大之見，因而有始終之規；繇其始終之規，因而有悅生惡死之情。繇由其小大之見，因而有精粗之別；繇由其精粗之別，因而有意言之繁。於是而有所必為，有所必不為，以其所長，憐其所短。」（註12）人間世界的相對二分，皆從小大之殊觀而來，由小大而有貴賤，然否是非，終始死生，此心知的執著分別，牽引而出的是人為的造作，故有所必為，有所必不為，甚或萌生好惡悲憐之情，人生的困苦在此，執著是困，悲憐則苦。

心知的執著與分別，重心在小大貴賤。劉笑敢有段概括的析論：「述莊派也自覺的繼承了莊子的〈齊物論〉，尤其〈秋水篇〉明確地從相對主義的角度，論證了事物差別的相對性。……從萬物自身的角度出發，每一物都要貴己而賤彼；從世俗的一般觀點出發，人們又要哀歎貴賤有命，並非自身行為的結果；而從道的絕對性的觀點出發，萬物本身並無貴賤。從不同的立場或角度出發，對貴賤問題就會得出不同的認識與結論。……以差觀之，以功觀之，以趣觀之，各段義說明萬物各有其對立而相依的方面，大小之區別，功用之有無，趨向之然否，各有其相對性，因此不應偏執一方。」（註13）

此依據河伯與海若的第四則對話，詮表他所下的「價值之相對主義」的論斷。在這一則對話的語文脈絡中，在「以道觀之」的「物無貴賤」與「以物觀之」的「自貴而相賤」之外，另有「以俗觀之」的「貴賤不在己」，其下有三分支：一是以小大之差數來看的「以差觀之」，二是以有無之功分來看的「以功觀之」，三是以然非之趣操來看的「以趣觀之」。此三者皆以世俗民間的價值標準，來評量自己的小大、有無與然非，故「貴賤不在己」。貴賤既不在自家身上，而由世俗民間決定，就此注定了漂泊一生的命運。然小大、貴賤、有無、是非的價值二分，由心知執著而來，此價值二分，迫使天下人由有心而有為，人間社會裂解為二，且由對立走向對抗，讓人痛失了生命的自主權。破解之道，在從「以物觀之」與「以俗觀之」，往「以道觀之」的超越之路走，解除每一個人身上的枷鎖，與心靈的桎梏，一者跳開「貴賤不在己」的無奈，二者超離「自貴而相賤」的僵局，把生命本身的貴，還給每一個人，何止物無貴賤，在道心的超越觀照之下，根本就皆貴而無賤。因為每一個人皆照現，每一個人也在照現中生成。

劉笑敢這一段詮表，把「以道觀之」與「以物觀之」、「以俗觀之」混同不分，似乎只是換個不同的角度而已，實則繫屬於形上、形下的不同層次。就因為超越無路，只能無奈的落在「價值相對主義」的困局中。

在詮表之外，更加上一番批判：「〈秋水〉篇的錯誤，在單純的強調認識的相對性，看不到相對中包含著絕對，且認為相對只是相對的，是排斥絕對的，從而走向上抹殺一切差別的〈齊物論〉。」（註14）說是〈秋水〉篇的錯誤，實則這一申論本身，帶來更大的困惑。

(二)從〈齊物論〉看〈秋水篇〉的相對價值觀

從存在本身而言，無所謂相對；所謂相對，是在物我、人我之間的互動而有，而〈秋水〉與〈齊物論〉所面對的問題等同，皆涉及價值論的問題。所謂「物論」，第一義在存有論，第二義在價值論。從存有論而言，人人皆天真，人人皆高貴，又何齊之有！故〈秋水〉與〈齊物論〉要平齊的是第二義的價值論，也就是要平齊儒墨的是非。從第一義的存有論而言，儒墨的物論教義，都是自我完足，在自家系統中，當然是絕對的對。問題在，儒墨在人間相遇，就不再是絕對的對，而僅是相對的對。倘若，儒墨走入天下，心知執著自家教義為普天之下的惟一真理，把相對的對，推上絕對的對，並以此真理做為價值的標準，再責求天下各家、各派要符合自家的標準，這一來就形成儒墨的是非，儒是則墨非，墨是則儒非，此一是非紛擾，沒完沒了，保證是人間的災難。

依莊子〈齊物論〉的理解，「彼是莫得其偶，謂之道樞，樞始得其環中，以應無窮」，儒墨彼是相對，你不能讓我消失，我也不能取代你，所以只有一條出路，那就是超越雙方，再同時看到雙方，這就是所謂的「照之於天」、「莫若以明」，道心的超越觀照，同時照現儒墨本身的「是」，儒墨皆是而無非，成全雙方的「是」，又可以兩大家派並行人間，此之謂「因是」而「兩行」，這是莊子〈齊物論〉的絕大智慧。

〈秋水〉篇的錯誤，不在其價值的相對主義，也不在它抹殺了一切的差別，而在它把一切價值打為相對之後，未進一步透過修養工夫，開出「照之於天」、「莫若以明」的超越之路，在道心觀照之下，朗現的是「道通為一」的境界，就在抹殺一切差別中，成全一切差別；抹殺一切差別，是修養工夫，成全一切差別，則是開顯的境界。倘若未有此一自覺的工夫轉化，反正大家命運等同，處境等同，僅是相對的對，而沒有絕對的對，或許這就是劉笑敢所說的「主張一切都無足掛心，這就否定了人生的價值，否定了生活的意義，走向了虛無主義」（註15）的理由吧！

(三)根本上顛覆了「知」做為價值標準的可能性

依吾人之見，〈秋水〉主要針對內篇〈養生主〉「知也無涯」之「知」，進行了更伸進一層的剖析，由心知執著的因是因非，與人為造作的自是非他，進而就「量無窮，時無止，分無常，終始無故」等多角度進行考察，重點不在物之客觀存在的認知，而從根本上顛覆了心「知」成為價值標準的可能性。此由主觀認識的相對性，說客觀評量的不定性。所以說：「小而不寡，大而不多。……遙而不悶，掇而不跂。……得而不喜，失而不憂。……生而不悅，死而不禍。」由遠近觀之官覺印象的小大，不必等同價值評量的多寡；從古今驗之官覺印象的「遙」不可及，與「近」可拾取，也不必有主觀感受的遺憾與期盼；以盈虛察的氣運流轉與機遇不定，有幸與不幸，故得而不必喜，失而不必憂，此拖帶出來的心情波動是莫須有的；以大道明之氣聚氣散的生死是無固常的，所以生不必欣喜，死亦不必引為災禍，此牽引而有的心情起伏也是莫須有的。心知的執著是困，生命的傷痛是苦，從心知執著的價值標準加以破解，心情波動起伏的生命傷痛，也就可以解開了。

此〈秋水〉所說的「知」，內篇〈齊物論〉理解為「其分也，成也」，從「未成乎心而有是非，是今日適越而昔至也」來看，由心知構成的一套是非，是成心之知的產物，是有執著、有分別的心，此成立的是非，就是作為價值標準的物論。莊子認為儒墨的物論，皆屬「萬竅怒呺」的地籟與人籟，而從怒者其誰也的發問中，逼顯了天籟。故人籟之真，與地籟之和，就是天籟。儒墨物論都是天籟的開顯，此證成了儒墨平等，平齊了儒墨的是非。并平息了「是其所非，而非其所是」的人間紛擾。因為物論平等，儒門墨徒才有人格價值的平等，儒士墨俠才能並世兩行，而各顯光采，開創儒聖墨俠的人間志業。

此由「知，止其所不知，至矣」的修養工夫，知之知，是成心的知；不知之知，是道心的知。「止」有生命之終極歸屬的價值意義，所以說是「至矣」，是最高理境的開顯。內篇〈大宗師〉開宗明義即云：「知天之所為，知人之所為者，至矣。」知天在知人，知人在知心，知心在「以其知之所知，以養其心之所不知」，不知之知，是道心之知，而道心之知，就可以知天了，此之謂：有真人而後有真「知」，故「不知」，是解消心知的執著與分別，也化解人為的造作與紛擾，不知之知，就是「照之於天」、「莫若以明」的超越觀照，同時照現了儒墨，也同時生成了儒墨。

(四)〈秋水篇〉有進於內篇的精到處

〈養生主〉點出了人物的有限性在「吾生也有涯」，人間的複雜性在「而知也無涯」，人物走入人間的人生困苦，就在「以有涯隨無涯，殆已」。此「殆已」的判定，理由在「知」是「名」，而「名」就是「刑」，由心知而有名，有名而有刑。名是困，刑是苦，故云：「為善無近名，為惡無近刑。」善惡的執著分別，是名；而這一執著與分別，所帶來的壓力與傷痛，則是刑。二者皆要有「無」的工夫，無執著分別，也就無壓力傷痛了。

此在〈齊物論〉的說解，是「其分也，成也；其成也，毀也」，「其分也，成也」就是有知有名，「其成也，毀也」就是有名有刑。「殆」在「成」了心知，卻「毀」了生命。故內篇即由生命的毀，來破解心知的成，故云：「物無成與虧，故昭氏之不鼓琴也。」此為倒裝語句，當為「昭氏之不鼓琴也，無成故無虧」，「虧」即「毀」，正與無名、無刑，前後呼應。

〈秋水〉在此有一越過內篇的精到立論，由「量無窮，時無止，分無常，終始無故」的多角度觀物，說〈齊物論〉所說的「分」，是定不住的，所說的「成」，也是成不了的，從「知」的本身，既定不住，也就成不了，直接破解「知」做為價值標準的可能性，而不必由「其成也，毀也」，或有名即有刑所帶來的「殆已」，再來破解心知的「分」與「成」。

此為〈秋水〉之所以成為千古佳構名篇，就在不僅闡釋或發揮了內篇，也不僅「因〈逍遙遊〉、〈齊物論〉而衍之」，或說「由〈齊物論〉脫化而來」，而在其立論主軸有進於內篇之精到處。而此精到處，也正是其缺陷處，因為根本欠缺生命的真切反省與人文價值的開發。

四、〈秋水〉篇之所以見「外」的論定

王船山〈莊子解〉總說外篇：「外篇非莊子之書。蓋為莊子之學者，欲引伸之，而見之弗逮，求肖而不能也，以內篇參觀之，則灼然矣。……故其與內篇相發明者，十之二、三，而淺薄虛囂之說，雜出而厭觀。」（註16）

〈秋水〉之「可與內篇相發明者，十之二、三」上已有申論，并加以證成。此下專就「淺薄虛囂之說，雜出厭觀」，再深入反思，並給出批判，以論定〈秋水〉何以見「外」的理由所在。

㈠譏諷五帝三王，伯夷、孔子，一如河伯自多

「五帝之所連（禪），三王之所爭，仁人之所憂，任士之所勞，盡此矣。伯夷辭之以為名，仲尼語之以為博，此其自多也，不似爾向之自多於水乎？」在河伯與海神的第一則對話裡，海神對河伯說道，井蛙拘於虛，夏蟲篤於時，曲士束於教，此受制於時空的存在拘束，與價值觀的束縛，而將五帝、三王，仁人任士，甚至伯夷、孔子等聖賢人物，皆貶之為「束於教」的一曲之士，而與井蛙、夏蟲等量齊觀，甚至出以「盡此矣」的鄙薄語氣，將聖賢生命，說成小石、小木之在大山，稊米之在大倉，與礨空之在大澤一般的渺小。五帝禪讓，三代繼起，仁人之憂心天下，志士之承擔天下，伯夷的聖之清，仲尼的聖之時，幾乎集千年文化傳統之大成，竟給出了「不可語於道」的判定！此等大不敬之辭，內篇不僅未見，甚至還將「心齋」與「坐忘」之兩大工夫修養與境界開顯，皆安放在孔子、顏回的師生對話間展開。內篇言：「大道不稱」、「大仁不仁」，與老子講：「上德不德」、「絕聖棄智」、「絕仁棄義」，皆在心知化解的作用層說，

且在化解的作用中保存了聖智仁義的實有，在不仁中成全大仁，在不德中保存上德，從未在實有層否定聖智仁義的價值。

內篇〈德充符〉，說叔山無趾，踵見仲尼，以夫子為天地，未料孔子的悲憫同情，反而讓無趾決絕而去，因為孔子沒有看到他一路走來「有尊足者存」的生命美好。最後在老聃的逼問下，叔山無趾大徹大悟，說孔子行道人間是「天刑之，安可解」，對仁人之憂，給出了最大的肯定。在〈大宗師〉有方內方外不相及的二分，孔子對子貢說：「吾與女共之。」對孔門師生仍共遊此方內，給出了同情的尊重，并說「魚相忘乎江湖，人相忘乎道術」，一如〈齊物論〉之儒墨因是兩行，此則儒道相忘兩行，而一體成道。〈齊物論〉雖有：「丘與女，皆夢也。」然立即補了一句：「予謂女夢，亦夢也。」立即自我解消，我說你們兩位以言語說道，猶如在夢中，我說這一句話的本身，也是言語，也在夢中。普天之下，孔子、莊子一起放下，也一體成全。這是何等的心胸氣魄，視野多開闊，境界多寬廣，相形之下，內篇是大鵬鳥，而〈秋水〉不免是小麻雀了。

(二)依量化思考，說人微不足道，論至小不足以窮至大

「號物之數，謂之萬，人處一焉；人卒九州，穀食之所生，舟車之所通，人處一

焉！此其比萬物也，不似毫末之在馬體乎！」天地間有萬物，人僅為其一，人聚九州，五穀糧食所生產，水路舟車所通行的天下，也不過是九州之一，此亟言其渺小，猶如秋毫之末之於馬體。實則，人之所以渺小，正因為失落了道的保護傘，所以人的存在，顯得渺小卑微。生命中失落了天道，人並沒有更偉大，反而更渺小。〈齊物論〉有云：「道行之而成，物謂之而然。」萬物要安放在「道」的「物論」中，才能找到活出自己一生的「然」。「物論」是合理的解釋萬物的存在，道內在於人，人人皆天生本真，故一生的修行，就在保有天真。「有真人而後有真知」，不僅知人，還可以知天，也就是生命之最高境界的體現。故云：「知天之所為，知人之所為者，至矣！」此由道行有成，來保證物謂而然，在成道中然物，人人皆成道而然物，怎會微不足道。《老子道德經‧第二十五章》云：「道大，天大，地大，人亦大。」道內在於天地萬物，故道大，道所生成的天、地、人，也一體皆大，從未在形氣數量說人的渺小。

再看，「計人之所知，不若其所不知；其生之時，不若其未生之時；以其至小，求窮其至大之域，是故迷亂而不自得」，此一論說，完全落在量化思考。計數人之所知，不如其所不知，理據在生之時，不若未生之時。這一段話語，可能從〈養生主〉脫化而來，「吾生也有涯」是「其生之時，不若其未生之時」；「而知也無涯」是「計人之所知，不若其所不知」；「以有涯隨無涯」正是「以其至小，求窮其至大之域」，「殆已」則是「迷亂而不自得」，兩相對看，若合符節。問題在，「知也無涯」之「知」，不是客觀的認知萬物，而是主體心知的執著萬物，不是認識論的「知」，而是價值論的「執」，且「不知」是解消心知之後的道心之知，而未有愚昧無知的負面意涵。故由「知」進為「不知」是「上」〈老子七十一章〉，也是「至」，在不知之知的道心觀照之下，萬物皆一也。〈齊物論〉說「以指喻指之非指」，此以「指」的有知之知，來解說「指不是指」，「不若以非指喻指之非指」，遠不如以「非指」的不知之知，來解說「指不是指」，顯得合理而順當。因為名家名理，已說它是「指」，又說「指不是指」，豈非自相矛盾！還不如道家玄理，跳開「指」，以根本無所謂指的「非指」，來說「指不是指」，此以玄理來破名理，不僅不會自我否定，且更為合理而順當。故「非指」正是不知，以道心之知來觀照萬物，開顯的是「天地（可以是）一指，萬物（也可以是）一馬」的境界。〈秋水〉的「不若」與〈齊物論〉的「不若」，幾近顛倒。此當是〈秋水〉之所以是「外」的淺薄處，失落了道家之所以成為道家的生命大智慧，與境界的開顯。

　　從形式上看，〈秋水〉與〈養生主〉一一相應，「迷亂而不自得」，與「殆已」的判定，也相當一致。問題在，〈秋水〉重在事實的不可能，〈養生主〉則重在以「生有涯」的天生本真，去追逐「知無涯」的人為虛假，是價值的不值得。〈秋水〉之不自得乃由求窮至大之域的迷亂而來，偏向「知」之難以窮究的迷亂，而欠缺生命流落於外的深層反思，大失道家本色。

㈢以名理破名理，未如內篇之以體現玄理，來解消名理

「夫自細視大不盡，自大視細不明。夫精，小之微也；垺，大之殷也，故異便，此勢之有也。夫精粗者，期於有形者也；無形者，數之所不能分也；不可圍者，數之所不能窮也。可以言論者，物之粗也；可以意致者，物之精也，言之所不能論，意之所不能致，不期精粗焉！」

這一段旨在破解「至精無形，至大不可圍」的名家名理，卻未如〈齊物論〉之以「非指」喻之玄理，來超越以「指」喻之名理。此以跳開名理立場，而證入玄理觀點，要說是「指」，則通通是「指」，要說是「馬」，則通通是馬，在「知通為一」中「道通為一」。

〈秋水〉由自大視細與自細視大的視角不同，而獲致「不明」、「不盡」的感官錯覺，再由心知隨之誤判為「無形」、「不可圍」。名家名理即由無形說「至精」，由不可圍說「至大」。〈秋水〉也專就名理破名理，故以「無形者，數之所不能分也，不可圍者，數之所不能窮也」的形式界定，來檢視「至精無形，至大不可圍」之說，是否可

以成立。至精當然是小之微，至大當然是大之殷，惟小再微，還是小；大再殷，還是大，那就不是無形與不可圍。既不是無形與不可圍，那就數之所能分，數之所能窮，故「至精無形，至大不可圍」之論題，不能成立。

此段再由至精、至大皆有形，亦皆可分、可窮，來說此亦言之所能論，與意之所能致者。真正的無形與不可圍，乃言所不能論，意也不能致，故「不期精粗」，意謂超越在萬物之上的「道」，才是「無形」與「不可圍」的至精至大。〈老子三十四章〉從道體的「無」說道是「大」，又從道體的「有」說道是「小」，此「大」是至大，此「小」是至精，不是相對的小大，而是終極的小大。惜乎此義點到為止，仍隱晦而不彰。實則，其下數語，頗能見道，云：「道人不聞，至德不得，大人無己，約，分之至也。」「約」如《老子道德經》「為道日損」〈四十八章〉之「損」，與「二曰儉」〈六十七章〉之「儉」，皆修行的字眼，心知減損而生命增益，不聞、不得、無己，正是減損的工夫，「分之至」即《老子道德經．第五十五章》的「精之至」，是天生本真的全幅朗現，通過「約」的減損涵藏，開顯了道人、至德、大人的生命境界。此體道境界深藏其中，而未見開發，亦是〈秋水〉的虛囂所致。

㈣將爭讓之禮，堯桀之行，歸於貴賤有時之不可常，不是在解消中成全價值，而是根本否定了價值的存在。

「蓋師是而無非，師治而無亂乎，是未明天地之理，萬物之情者也，是猶師天而無地，師陰而無陽，其不可行明矣。然且語而不舍，非愚則誣也。」在河伯與海若的第四則對話裡，說「以趣觀之」，知堯桀之自然而相非，不論堯或桀，皆自以為是（然），而以對方為非，把「然」的標準定在自身，對方與己不同，即斷之為非，就由此說人一生操持的歸趨，就在自是相非中顯現，此說完全否定了堯與桀在人格志業之實有層上的不同，真的走向了相對主義的虛無之路。

在〈大宗師〉有「與其譽堯而非桀也，不如兩忘而化其道」，則顯現完全不同的風貌與深度。內篇對桀之所以成為桀，給出極大的同情，說是因為他想當堯，求聖智仁義而不成，僅能以假聖假智，假仁假義充數，且可能久假而不歸，所以反沉墮為桀。不如兩忘，忘了堯也忘了桀，無執著無分別，不執著堯，也就不會淪為桀，在道中一體無別，有如無名亦無刑，無成則無毀，與《老子道德經．第十九章》的「絕聖棄智」、「絕仁棄義」道理等同，皆在作用層化解，而不在實有層否定，是兩忘而不是混同，此堪稱差之毫釐，去以千里了。

再與歷代史實與政治現實，做一連結，則形成價值的錯亂。將爭讓之禮，與堯桀之行，都歸之於貴賤有時，而痛失生命主體之涵養與智慧的主導地位，只是時勢使然，生命存在的價值，只在不得已與無奈何中漂流，故云：不可為常。

最嚴重的錯亂，將發自人文心靈的價值願景，但願人間只有是而沒有非，天下只有治而不會有亂，說成自然造化的不能只有天而沒有地，不能只有陰而沒有陽，且下個無情冷酷的論定：「其不可行明矣」。此人文價值的是非治亂，與自然造化的天地陰陽，完全分屬在價值與事實的不同層次，〈秋水〉竟混同而不分，可以說價值的混亂與失落。虛囂與淺薄，真的是兼而有之了。

五、結論

內篇所以是內，是道體消融在生命主體之內，外篇所以是外，是將道往外推出，落在生命主體之外，對生命欠缺存在的同情，反而成了客觀的實存，與認知的對象，而不再是主體修行之路，體現不出人文價值，對生命欠缺存在的同情，生命就此落在氣化之流轉不定中，價值立不住，生命走向相對主義的虛無中。

〈秋水〉篇，文章靈動而氣勢昂揚，形式架構謹嚴而完整，義理內涵亦豐富而可觀，所以說是述莊派的傑出之作。「外」相對於「內」而言，既是承〈逍遙遊〉與〈齊物論〉而來，何以竟流落在內篇之「外」？

本文之作，重在掘發其語文脈絡間，體道不切，甚或悖離道的「見」解論調，一一加以檢驗，以證成〈秋水〉篇終究是外篇的理由所在。

實則，在河伯與海若的第五則對話裡，以「夫回將自化」終結，在河伯與海若的第六則對話裡，以「反要而語極」畫下句點，不論萬物之自化，還是語道體之極，皆是體道、成道的工夫語，情乎靈光一閃，未作停留，開不出修養工夫，道不能體現在每一個人的身上，道流落在主體生命之外，〈秋水〉也就被流放在內篇之外了。

註釋

註1：方勇．陸永品《莊子詮評》頁四六一，成都：巴蜀書社，一九九八年。

註2：同前註。

註3：《船山全書》第十三冊，頁二六八，長沙：嶽麓書社，一九九三年。

註4：《莊子哲學及其演變》頁六二，一九八八年，北京。

註5：前引書，頁二六三。

註6：《莊子新探》頁一八三。

註7：崔大華《莊學研究》頁五三—六〇，北京：人民出版社，一九九二年。

註8：前引書，頁六一—六二。

註9：「無以得殉名」，與「無以人滅天」、「無以故滅命」之上下語式來看，「得」與「人」、「故」，皆屬負面意義，相對於人為、造作而言，「得」是求得，「殉」與「滅」義等同；故「名」當「實」解，指涉的是天生本真的「德」，如是上下語文脈絡，一貫而下，此解讀較佳。宣穎《南華經解》頁三〇四云：「不可以故滅命，豈可以名喪德。」此解直接釋「得」為德，「名」是虛名，「殉」為「徇」，當「從」解。以德從名則失德，「德蕩乎名」之義。台北：藝文印書館。

註10：此六則寓言的故事，分別印證了第七則對話的三句總結，依宣穎之說，同前註。

註11：前引書，頁三〇三—三〇四。

註12：《船山全書》第十三冊，買二六八。

註13：《莊子哲學及其演變》，頁二六六。

註14：前引書，頁二六八。

註15：前引書，頁二七三。

註16：《船山全書》第十三冊，頁一八四。

從「物論」平齊到〈天下〉一家

一、前言

幾千年文化傳統，孔孟儒學自是主流，在儒學上承三代以下開百世的道統傳承之外，還有老莊道家的致虛守靜、歸根復命的繼起而並行，至聖先師與太上老君，千古同步，至聖與太上是最高的理想境界，先師與老君是最古老的價值源頭。儒學開出人文以化成自然，道家解消人文以回歸自然，前者人文化成，後者道法自然，前者貞定了「該當如何」的生命實理，後者開發了「如何可能」的虛用智慧。儒家的實理與道家的虛用，一體並行，形成了統貫幾千年歷史傳統的文化心靈。台灣奇蹟與中國崛起的新局開創，正是這一文化心靈面對時代變局所開發出來的動能與定向。

本文專從《莊子》〈齊物〉與〈天下〉兩篇的義理詮釋中，尋求各大教義與各大文化傳統之「物論」可以平齊，而全球〈天下〉之普世價值，也可以一家的未來出路。《莊子》三十三篇，精華在〈內篇〉，〈外篇〉中〈秋水〉獨得玄理妙蘊，然體現之「道」，竟在生命主體之外，成了外在的客觀實存，其抉發之理境，比諸〈齊物〉，大有落差。（註1）而〈雜篇〉中〈天下〉，不僅未見其雜，其義理之精深透闢，堪稱獨步千古。其創發之全體大用的道術觀，展現大開大闔的雄渾氣勢，比諸〈齊物〉之「大塊噫氣」而顯發之「萬竅怒呺」的波瀾壯闊，有過之而無不及，何以會被列在〈雜篇〉之末？殊難理解。最可能的合理解釋，就在它是《莊子》的後序。（註2）

問題在，《齊物論》（註3）由「道通為一」的形上源頭，而開顯「咸其自取」的存有真實，僅平齊儒墨之「物論」，消解兩家之是非，而「兩行」於天下；《天下篇》則拉開格局，意圖整合諸子百家的思想，消融統合在神明聖王之上下內外的價值體系中。不止於根源於「道」的通而為一，而是天上人間內聖外王的統體為一。此已越過「物論」平齊，各家可以並行的精神意態，而更上一層的會通百家，統合在神聖明王的全體大用中，不是兩行，而是一體。故〈天下篇〉不是《莊子》的後序，而是老莊道學的後起之秀，超越前賢的大突破，如同孔孟儒學的繼起菁英，而有《大學》、《中庸》、《易傳》的奇峰突起一般。（註4）

當代世局的困頓，不僅在「術」的迷途錯亂，且是「道」的封閉紛擾，自然生態污染破壞了，人文環保亦無力回天，甚至陷落在「文明的衝突」（註5）的無解危機中。各大教的信仰，都是至高無上，且獨一無二，都無退讓的空間，要如何化解價值觀的決裂紛擾，已成為現代人在走向普世化與地球村的路上，所當面對的根本課題。

二、「物論」可以平齊的超越根據

何謂「物論」？依「道行之而成，物謂之而然」來看，「物」要在「道」的價值體系中，找到自己的存在分位與生命走向，以實現自己的存在價值。此一「道」的價值體系，就是「物論」，對萬物的存在給出合理的解釋，讓萬物的存在合理，且在合理中保證其存在。「然」就是存在合理的價值肯定。「物」在「道」中，「物」是人文物，而不再是置身洪荒四無依傍的自然物，等同花草樹木、鳥獸蟲魚的存在，既無尊嚴，又乏高貴。惟「物論」僅是理論架構的形式意義，有待於生命主體「行之」的修行踐履，以充實其價值內涵。人物「行之」，而人間「謂之」，「謂之」是天下人給出的評價。「行之」而成「道」，「謂之」而得「然」，故「物」的「然」，來自「物論」的「道」。

此「物論」，即是「究天人之際」的天道人性論。天道是形上原理，人性論則是存有論，天道生成萬物，而萬物的存在，因天道內在而有其價值內涵，通過工夫修養，在成「道」中「然」物。儒墨兩家的哲學體系，都有其終極之「道」，以合理的解釋萬物的存在，並在萬物的合理中實現其存在價值。此由天道人性論的價值根源，透顯為人間的價值依據，並由價值標準，做出價值判斷；合乎標準者判定為「是」，不合標準者判定為「非」。故「物論」有上下兩層意涵，其上者是天道人性論的「道」，其下者則是人間價值分判的「是非」。

儒墨兩家的是非紛擾，即由執定自家的「道」，而為天下的價值標準，並相互做出「然」「否」的價值判斷，以「是其所非，而非其所是」，肯定對方所「非」的，而否定對方所「是」的，故儒是則墨非，墨是則儒非，而儒墨兩大家，乃「世之顯學」，主導人間的價值方向，卻彼此背道而馳，不僅天下理序錯亂，且總是整個時代的遺憾！

再依「道惡乎隱而有真偽，言惡乎隱而有是非；道惡乎往而不存，言惡乎存而不可；道隱於小成，言隱於榮華」的深切感懷來看，莊子問「大道」到底隱藏到何處去了？不然的話，人間的道怎麼會有真偽之分呢？「真言」到底隱藏到那裡去了？不然的話，人間的言怎麼會有是非之別呢？依道的存在之理來說，大道有什麼它所往而不存的，依言以說道的本質來說，真言有什麼它所存而不可的，故依道本來所往皆存，言也本來所存皆可的真實來論斷，大道在各家只求小成中隱退不見了，真言在各家只求榮華中隱退消散了。此莊子在自問自答間，開啟了儒墨的道可以皆真而無假，儒墨的言可以皆是而無非的價值空間。

而儒墨兩家的「物論」，可以平齊的理論根據在那裡？就在「萬竅怒呺」的主題寓言中，云：「大塊噫氣，其名為風，是惟不作，作者萬竅怒呺。」天地大塊吐出了一口自然之氣，是為宇宙長風；風本無聲，穿越大地萬種不同的竅穴，而發出萬種不同的聲音，此天地萬竅的地籟之和，與人間萬般的人籟之真，皆是天籟的彰顯。儒墨的「物論」，都由無聲之聲的天籟而來，依自家的獨特體現，而譜成自家的生命樂章，不都是天籟在人間的發聲嗎？總結而言，「吹萬不同，而使其自己也；咸其自取，怒者其誰也?!」萬竅怒呺的大地交響樂，都通過自家的形狀，有如獨門樂器般，吹奏自家特有的生命樂音，萬籟皆自取，問題在有沒有人想過，那發動者會是誰呢？此「怒者其誰」底下，當同時有「歎號」與「問號」，「歎號」說的是天道的「有」，「問號」說的是天道的「無」，莊子肯定了有一發動者，而發動者又自我消解，給出萬竅「自取」的空間。此直承《老子》「天下萬物生於有，有生於無」（〈第四十章〉）的形上智慧。

由是而言，儒墨要成全「歎號」的「有」，又當保有「問號」的「無」；「有」是自家來自天籟的「真」與「是」，「無」是兩家都不是天籟的整全唯一，而當放下自家的「真」與「是」，而照現對方的「真」與「是」，此之謂「莫若以明」而「照之於天」。此由心之「致虛守靜」（《老子・第十六章》）的修養工夫，而心虛如鏡，也「用心若鏡」（《莊子・應帝王》）所做出的超越觀照，從內在說「明」，從超越說「天」。這在自我消解中，而兩相成全，莊子說是「兩行」，兩家並行於天下人間，這是〈齊物論〉之「物論」，平齊所顯發的開闊氣度。

三、由「物論」平齊到〈天下〉一家的可能出路

從〈齊物論〉看當前世局，五大教教義皆是「物論」，平齊「物論」，也就是各大教的信仰平等，儒墨可以「兩行」，五大教也可以「五行」。問題在，地球已成村，全球人類已成命運共同體，科技文明因過度開發，排碳過量，自然生態被破壞，而全球暖化，地球已負荷不了人類安居，與萬物存活的重擔，若給不出休養生息的空間，則大自然反撲而逼出世界末日，此已非神話空論了。更何況人文環保，也遍地傷痕，「文明的衝突」的危機預警，似乎已不是書生狂言，東亞儒教地區，與阿拉伯世界，是否會結合，以對抗西方基督文明，此一疑慮，總得面對，以求消解；在此關鍵時刻，不能持有觀望的無力感，而當懷抱由「物論」平齊，進而〈天下〉一家的未來願景。

因為五大教平齊並行，各大文明相互尊重包容，而各行其道，可以解消是非紛擾；然終究生命有隔，少了互發的光亮，甚至民至老死不相往來，未有感應成長；生命終究偏枯落寞，何不會通五大教為一家，以回應普世化與地球村的價值走向，與時代呼聲呢！

〈天下篇〉不僅如當代新儒家大師唐君毅先生所言之「以概括古今道術，而綜貫觀之之文」（註6）而已，而是出於更高遠開闊的心胸，意圖整合諸子百家的思想，而消融在神明聖王之全體大用的道術觀之中，會通統合為一。云：「神何由降？明何由出？聖有所生，王有所成，皆原於一。」神降而聖生，明出而王成，一者神明是上，而聖王是下；二者神聖是內，而明王是外。相對而言，上是道，而下是術，內是道，而外是術；道是體，而術是用，「術」將天上之「道」，引入人間，將內聖之「道」，導向外王，故去：「道術無乎不在」與「其運無乎不在」。道術同在同行，在「術」的運轉導引中，「道」無所不在。此一體系架構，如圖示一：

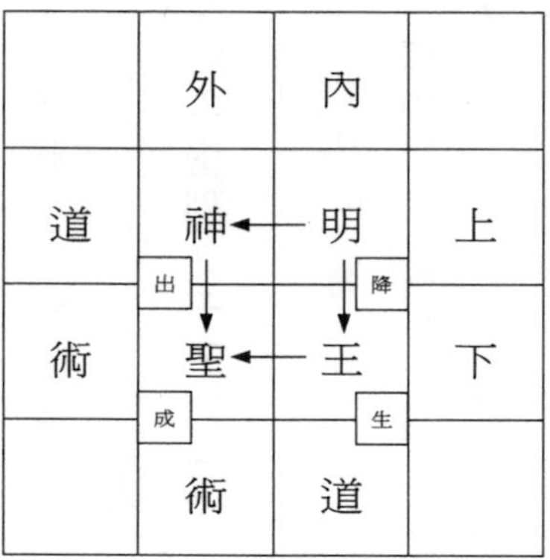

〈齊物論〉「咸其自取」的存有論，乃源自「怒者其誰」的天道論而來；〈天下篇〉則是開創出神明聖王之統合為一的大系統，不僅諸子百家「物論」可以平齊，且會通在古今道術之統貫為一的全體大用中，上下內外整體是「一」，神明聖王整體是「一」，此不僅是形上根源的「一」，而是古今道術的全體大用原本是「一」。〈天下篇〉說百家思想皆「一曲之士」也，「寡能備於天地之美，稱神明之容。是故內聖外王之道，闇而不明，鬱而不發」，試圖將「往而不反」的百家思想，重新統貫在原本是「一」的大體系中，以其運無所不在的「術」，實現神明聖王無所不在的「道」。故內聖外王之道，不會闇於上，而不明於下，鬱於內，而不發於外，人間美好在此可以有一整全而充盡的朗現。

神明聖王之理論架構的價值座標，落在人間的真實表相，就在：「不離於宗，謂之天人，不離於精，謂之神人，不離於真，謂之至人；以天為宗，以德為本，以道為門，兆於變化，謂之聖人；以仁為恩，以義為理，以禮為行，以樂為和，薰然慈仁，謂之君子；以法為分，以名為表，以參為驗，以稽為決，其數一二三四是也，百官以此相齒，以事為常，以衣食為主，蕃息畜藏為意（依陶鴻慶之說改），老弱孤寡，皆有以養，民之理也。」此「不離」之天人、神人、至人，分位在「神」體；「兆於變化」之聖人，已走離神體，分位在「明」用；仁義禮樂之君子，由神體內在而為聖德，分位在內

「聖」；法分名表之百官，價值標準已外在化，分位在外「王」。再以諸子百家凸顯之學術性格而言，莊子之學，位在不離之「神」體；老子之學，位在兆於變化之「明」用；儒門之學，位在人文化成之「聖」（註7）；法家之學，位在農事養民之「王」。「道」之「本數」，與「術」之「末度」，即體起用，本數末度，其運無乎不在，可以育萬物而和天下，總說是「道術無乎不在」。此一各家相應分位，亦圖示如下：

圖二

	外	內	
道	聖人	神人 至人 天人	上
術	百官	君子	下
	術	道	

圖三

	上	下	
內	莊子	儒家	道
外	老子	法家	術
	道	術	

問題在，「天下多得一察焉以自好」，偏離流落在「道術」整全之外，此等治「方術」的一曲多士，「皆有所明而不能相通」，古之「道術」，遂為天下百家所裂解，「天地之純」與「古人之大體」的「道術」，就此在人間失落。

〈天下篇〉意圖整合諸子百家，匯歸在神明聖王的全體大用中，由上之「神」，發為上之「明」；並神降明出，生內之「聖」，成外之「王」。上下內外，統體是「一」，天人不離，聖人應變，君子教化，百官養民，原本是「一」。何止消解天下之是非紛擾，且會通百家以成天下一家。百家在這一全體大用的價值座標中，各有自身相應的分位，并生發自身獨有的光采。

四、結語：由「物論」平齊到〈天下〉一家的未來願景

吾人立身當代，放眼全球，由〈齊物論〉之平齊「物論」，而說儒墨「兩行」與五大教「五行」；再由〈天下篇〉之神明聖王統體是一，而說天下百家統合為一，而全球五大教所開顯的各大文明，亦可會通而為天下一家。

依各大教的體性風格來說，耶穌基督與真主阿拉的「主」分位在上之「神」；太上老君的「道」，分位在上之「明」；佛陀菩薩的「覺」，分位在內之「聖」；至聖先師的「教」，分位在外之「王」。雖各大教自成一家，各有體用，卻因自我完足，而成了封閉系統，不僅隔閡，且因排他，而成對決態勢，「文明衝突」之報告，已不是書齋玄想！此各大教之相應分位，再圖示如下：

圖四

	外	內	
道	道	耶、回	上
術	儒	佛	下
	術	道	

根據〈天下篇〉上下內外本來是「一」的價值體系，各大教要放下自家獨尊的傲慢，解消跟我不同就是不對的偏見，融入道術的全體大用中，而共成價值天地的全球一家，這或許是全球人類邁向普世化，與地球村的可能出路，與未來願景吧！

註釋

註1：筆者另有〈《莊子．秋水》何以見外〉之專文，詳盡論證〈秋水〉何以見外的理由有四：一、五帝三王、伯夷、孔子，一如河伯自多；二、依量化思考，說人微不足道，論至小不足以窮至大；三、以名理破名理，不如內篇之以體現玄理，來解消名理；四、將爭讓之禮，堯桀之行，歸於貴賤有時之不可常，不是在解消中成全價值，而是根本否定了價值的存在。該文已刊登於《鵝湖學誌》四十五期，二〇一〇年一二月，台北。

註2：持此說者，有王船山、宣穎、梁任公、徐復觀、胡適之諸家，惟胡適之雖認定〈天下篇〉是莊子的後序，不是莊子自作的，其他各家則以為「且出自莊子的手筆」。請參閱《儒道之間》頁一〇一至一〇四。

註3：《齊物論》篇名有兩種讀法，一是「齊物」之論，一是齊「物論」，兩者統貫的說法是：「齊物」之道，在齊「物論」。

註4：請參閱筆者〈論莊子天下篇評析各家思想的理論根據〉一文，頁一〇一至一二三。台北：漢光文化事業股份有限公司，一九九四年一二月六版。

註5：參閱杭廷頓《文明衝突與世界秩序的重建》，台北：聯經出版公司，一九九八年一月出版。

註6：《中國哲學原論》〈原道篇卷二〉，頁五九六，香港：新亞研究所，一九七三年五月出版。

註7：其中，「以仁為恩，以義為理」，重在內聖；「以禮為行，以樂為和」，已由內聖跨向外王。《荀子‧性惡篇》「聖人化性起偽，偽起生禮義，禮義生而制法度」，正是由孔孟內聖轉向韓非外王的轉變關鍵。

內容簡介

本書收集了王邦雄教授之道家思想經典文論十四篇，其中七篇文字從民國八十八年立緒文化出版的《生命的實理與心靈的虛用》一書中挑選出來，另七篇發表於《鵝湖月刊》與《鵝湖學誌》，今彙編成冊。是王教授多年來道家研究的精華之作。

王教授師承當代大哲牟宗山先生，於一九七五年與師門友好創辦鵝湖月刊，效八百多年前心學與理學兩大學派在「鵝湖」的論辯精神，在「傳統與現代」、「中學與西學」之間，尋求接續會通的橋樑，做為析論古今或詮釋中西這一塊學術園地的精神象徵。至今近四十年而有所成，已成為當代哲學界的重鎮之一。王教授投入道學研究四十年之久，經典精熟，時有創見，對道家在當代的生命進路，開創一家之言，而自成格局。

本書由道家思想源流開展，在肯定人生一切正面價值的前提下，證成道家思想的時代意義，王邦雄教授以其多年研究之精闢獨到的見解，開顯出道家清靜無為與回歸自然之生命理境。

面對當代社會承受的時代衝擊，一者來自社會生活上機器科技的籠罩獨霸，二者來自政治思想上意識型態的對決破裂：凡此皆造成心靈的僵滯與生命的傷痛。在肯定人生一切正面價值的前提下，王邦雄教授指出，道家思想在今天，正是消解心靈困惑與生命悲苦的生命大智慧。邀請友好共學適道，與此書結伴同行。

作者簡介

王邦雄

畢業於台灣師範大學國文系，文化大學哲學碩士及博士，榮獲國家文學博士學位。曾任鵝湖月刊社社長、中國文化大學哲學系所教授、淡江大學中文系教授、國立中央大學中文系所教授暨哲研所教授、所長，現任淡江大學中文系榮譽教授。

著作等身，包括：《韓非子的哲學》、《老子的哲學》、《儒道之間》、《中國哲學論集》、《緣與命》、《人生關卡》、《生命的實理與心靈的虛用》（立緒）、《行走人間》（立緒）、《老子道德經的現代解讀》、《老子十二講》、《莊子內七篇．外秋水．雜天下的現代解讀》等書。

國家圖書館出版品預行編目資料

道家經典文論：當代新道家的生命進路／王邦雄著.－初版.－新北市新店區：立緒文化，民 102.11
面；公分.（新世紀叢書）

ISBN 978-986-6513-87-9（平裝）

1.老子 2.莊子 3.研究考訂

121.317　　102021624

道家經典文論：當代新道家的生命進路

出版——立緒文化事業有限公司（於中華民國 84 年元月由郝碧蓮、鍾惠民創辦）
作者——王邦雄

發行人——郝碧蓮
顧　問——鍾惠民

地址——新北市新店區中央六街 62 號 1 樓
電話——(02)22192173
傳真——(02)22194998
E-Mail Address: service@ncp.com.tw
網址：http://www.ncp.com.tw
劃撥帳號——1839142-0 號　立緒文化事業有限公司帳戶
行政院新聞局局版臺業字第 6426 號

總經銷——大和書報圖書股份有限公司
電話——(02)8990-2588　傳真——(02)2290-1658
地址——新北市新莊區五工五路 2 號
排版——伊甸社會福利基金會附設電腦排版
印刷——祥新印刷股份有限公司

法律顧問——敦旭法律事務所吳展旭律師

分類號碼——121.317
ISBN 978-986-6513-87-9（平裝）
出版日期——中華民國 102 年 11 月初版　一刷 (1～2,000)

定價◎ 380 元（平裝）